THE NEW

좋아 보이는 것들의 비밀

보는 순간 사고 싶게 만드는 10가지 법칙

THE NEW

좋아 보이는
것들의 비밀

이랑주 지음

지와인

좋아 보이는 것의 핵심은 겉모습이 아닌 '숨은 가치'에 있고, 그 가치는 반드시 '진짜'여야 한다. 이랑주의 『좋아 보이는 것들의 비밀』이 이토록 많은 이들의 공감을 얻은 것은 실전에서 결과로 오롯이 검증된 진정성을 담고 있기 때문이다.
— 김상훈, 서울대학교 경영대학 교수

이 책을 따라 열리는 비밀의 문을 통해 잘되는 브랜드와 기업의 내재된 가치를 속 시원하게 들여다볼 수 있다는 건 축복이다.
— 김유진, 신원그룹 부사장

롯데마트가 참여한 오색시장의 리뉴얼 사업을 생생하게 기억한다. 대형마트와 전통시장이 하나되어 훌륭한 작품을 만들어냈다. 그 일을 진두지휘한 사람이 이랑주다. 놀랄 만한 변화를 직접 두 눈으로 확인한 사람으로서 이 책을 추천하지 않는 건 불가능하다. 좋아 보이는 것들의 비밀을 밝히겠다는 이 책의 제목은 허언이 아니다.
— 류경우, 롯데마트 테넌트부문장

변화무쌍한 고객의 마음을 사로잡는 건 정말 힘든 일이다. 고객의 행동에 대한 분명한 이해와 기준이 있을 때에야 끝없는 도전이 즐겁게 완성될 수 있다. 바로 그 기준을 알려주는 귀한 책이다.
— 송현석, 신세계푸드 대표

처음에는 '일리' 있는 이야기처럼 들리다가 결국엔 가슴을 파고드는 마케팅과 브랜딩에 관한 '진리'가 있다. 한번 잡으면 손을 뗄 수 없는 책이다.
— 유영만, 지식생태학자, 한양대학교 교수, 전 삼성경제연구소 책임연구원

무형의 서비스를 다루는 일에도 '좋아 보이는' 법칙이 필요하다. 그리고 그 법칙은 계속 업그레이드될 수 있어야 진정한 법칙이 된다. 이랑주의 강의를 들을 때마다 인사이트를 얻는다. 좋아 보이는 것들의 비밀은 이제 비밀이 아니라 비즈니스를 성공으로 이끄는 '원칙'이다.

— 전원태, 메트라이프 최고마케팅임원

경영의 성공 여부는 사람들과의 소통에 달려 있다. 이 책은 인간의 감각적 본능을 이용한 즉각적인 소통을 실용적이고 분명하게 알려주는 내용을 담고 있다. 비즈니스를 하는 모든 분들이 읽어보기를 권한다.

— 정칠희, 네패스 회장

사업은 머리가 아니라 눈과 발로 하는 것이다. 고객의 마음에 들어가는 일도 마찬가지다. 눈으로 확인하고, 발로 경험하여 완성된 비밀이 이 책에 가득하다. 좋아 보이는 것들의 비밀을 알게 되면 궁극적으로 다른 사람을 행복하게 해줄 수 있다. 내 일이 행복해지는 것은 물론이다.

— 켈리 최, 『파리에서 도시락 파는 여자』 저자, 켈리델리 회장

최근 모든 오프라인 매장은 디지털 혁명의 높은 파도에 휘청거리고 있다. 이제 오프라인 매장의 살길은 오직 고객 경험에 달렸다. 이 책은 VMD가 고객 경험을 제공하는 핵심 Key임을 증명하며, 제품 품질에만 꽂혀 있던 우리의 시선을 공간에서의 소통으로 인도한다. 아울러 자신의 노하우를 이웃과 나누는 이랑주의 열정과 헌신은 이 책을 읽는 내내 우리 마음을 따뜻하게 적신다.

— 한현옥, 클리오 대표

완벽한 변신! 오리지널 책에서도 배울 점이 많았는데, 이 개정본은 새로운 사례와 사진들로 메시지가 머리에 쏙쏙 들어오도록 만들었다. 덧칠한 정도가 아니라 완전 새로운 책이 되었다. 교과서에서는 설명하지 않는 현장의 답을 찾는 분께 강추한다.

— 홍성태, 한양대학교 경영대학 명예교수

나도 모르게 끌리는 것의 비밀

사람들은 '좋은 것'에 끌리는 것이 아니라 '좋아 보이는 것'에 끌린다. 자세히 살펴보면 이쪽이 더 좋은 물건인 것 같은데 다른 물건이 더 많이 팔리기도 한다. 비슷해 보이는 매장인데, 한쪽 매장에는 사람들이 몰리지만 다른 매장은 한가롭기도 하다. 그 이유를 무엇이라 설명해야 할까. 유행이라서, 비싸 보여서, 광고가 멋져서 등의 이유를 든다. 그래서 인테리어를 새로 하고, 디자인을 화려하게 바꾸고, 광고도 더 고급스럽게 만든다. 그런데 효과가 없다면 도대체 무엇이 문제일까.

'좋아 보이는 것'에는 과학적인 이유가 있다. 눈이 가고, 손이 가고, 발이 가는 등 인간의 행동은 보편적인 법칙을 따른다. 일반인들은 쉽게 파악할 수 없지만, 사람들이 많이 찾는 상품이나 가게에는 반드시 과학적 법칙이 숨어 있다. 그 법칙들은 어떤 것일까? 내 제품이 사람들의 눈에 즉시 띄고 사람들의 손에 즉각 닿으려면 어떻게 해야 할까? 사람들이 즐거운 마음으로 내 제품을 손에 넣기 위한 비용을 지불하도록 만들려면 어떻게 해야 할까? 도대체 어떻게 해야 좋아 보일까?

이런 질문에 대한 답을 알려주는 것이 이 책의 목적이다. 이 책은 인간의 오감에 작용해 행동을 유발하는 마케팅 전략이란 무엇인지를 알려준다. 이미지, 색비율, 색배열, 색온도, 빛의 명암과 같은 시각적 요소들을 중심으로 각도, 높이, 동선, 간격 등 공간적인 요소까지. 여기에 기업의 철학을 보여주는 방법과, 소비자가 자기만족을 극대화하는 방법까지 더하여, 인간의 행동을 유발하는 10가지 법칙이 담겨 있다.

이 법칙들은 지금까지 답답해했던 많은 의문을 풀어줄 것이다. 조화롭게 보이는 색깔은 어떤 비율을 가지고 있는지, 빛의 색온도가 얼마일 때 상품이 예뻐 보이는지, 어떤 각도에서 물건을 보여주어야 하고, 얼마만큼의 간격을 두어야 사람들이 몰려드는지 등등 자신의 제품으로 고객을 사로잡기 위해 고민하는 사람들에게 실질적으로 도움이 되는 노하우를 담았다. 바로 이 시대에 꼭 필요한 비주얼 전략들이다.

'좋아 보이는 것들의 비밀'의
세 가지 업그레이드

이 책은 2016년 출간 이후 새롭게 내놓는 전면개정판이다. 책을 개정하면서 크게 세 가지 방향을 염두에 두고 내용을 수정했다. 첫째, 온-오프라인 시대의 변화를 반영했다. 온라인을 통한 소비가 늘고 있고, 동시에 오프라인의 진화도 계속되는 중이다. 온라인에서도 오프라인에서도 공통으로 적용할 수 있는 내용을 강조했다.

둘째, 직접 컨설팅한 기업의 사례들을 바탕으로 하되 보편적으로 적용될 수 있도록 설명을 보완했다. 과거에는 '좋아 보이는 것들의 비밀'을 주로 매장을 운영하는 이들의 입장에 맞추어 설명했다면, 업종과 관계없이 이해할 수 있도록 내용을 다듬었다.

셋째, 소비자 중심의 관점을 보강했다. 오늘날의 소비자들은 '가성비'는 물론 '가심비'를 추구한다. 셀카를 찍는 것이 일상이고, 소비를 통해 자신의 가치를 증명하고 싶어 한다. 이러한 시대의 소비자들을 사로잡는 방법을 보완했다.

10가지 법칙들을 설명하기에 앞서 당부하고 싶은 것이 있다. '좋아 보이는 것'의 핵심은 겉모습이 아니라 속에 숨은 가치에 있다. '좋아 보인다'라는 말에는 '눈으로 보기에 멋지다' 이상의 의미가 숨어 있다. '좋다'라는 말에는 가치적 측면이 있다. 숨어 있는 좋은 가치를 눈으로 드러나게 하는 일이 중요하다.

가치가 중요한 이유는 핵심 가치가 무엇인가에 따라 비주얼 전략이 달라지기 때문이다. 예를 들어보자. 똑같은 의류를 취급해도 어떤 브랜드는 화려하고 어떤 브랜드는 단정하다. 자신들이 추구하는 가치가 다른 것이다. 그러면 비주얼 전략이 달라질 수밖에 없다. 똑같은 쇼핑몰이어도 어떤 쇼핑몰은 '비싸더라도 가장 좋은 물건을 팔겠다'를 가치로 내세우고, 어떤 쇼핑몰은 '없는 게 없이 모든 물건을 다 팔겠다'를 가치로 내세우기도 한다. 그러면 공간 설계부터 상품 진열 방식까지 달라질 수밖에 없다.

기본적으로 공통된 비주얼 법칙은 있겠지만, 핵심 가치에 따라 로고, 색상, 진열 방식, 조명 등의 구체적인 내용이 달라진다. 때로는 자신의 핵심 가치에 맞추어 완전히 새로운 비주얼 전략을 만들어낼 수도 있다. 그렇게 되면 나만의 방식으로 나만의 고객들을 붙잡을 수 있다.

과거에는 이런 비주얼 전략이 주로 백화점 같은 대형 쇼핑몰에만 적용되었지만, 이제는 작은 가게도 스타트업도 자신들의 핵심 가치에 따라 비주얼 전략을 만들어야 하는 시대가 되었다. 무엇보다 소비자들이 그것을 요구한다. 가격, 규모, 유명세에 따라 소비하는 시대는 지났다. 규격화된 제품을 소비하던 사회에서 점점 더 개별화되고 자기화된 제품을 소비하는 사회로 가고 있다. 이럴 때일수록 나의 가치에 공감하는 고객들에게 신호를 줄 수 있고, 끌어당길 수 있는 비주얼 전략에 더욱 세심하게 신경을 써야 한다.

자신의 소비가 세상을 이롭게 한다고 여기게 하라

지금도 VMD(비주얼 머천다이징)라는 말을 낯설어하는 사람이 많지만, 처음 이 업을 시작했을 때는 더욱 그랬다. 숱한 기업에 강의를 가고 컨설팅을 해도, 제대로 실행하는 곳이 드물었다. 변화는 의지만으로 되는 게 아니라는 것을 절감했다. 그럴 때마다 "하라는 대로만 하면 당장 매출이 10배로 올라간다"며 설득해야 했다. 그런 설득이 부끄러웠던 적은 없다. 나에게는 원칙이 있기 때문이다. 나는 좋은 것을 더 좋아 보이게 하는 일을 한다. 좋지 않은 것을 좋아 보이게 하는 일은 하고 싶지도 않고, 할 수도 없다. 좋은 것을 좋아 보이게 만드니, 10배의 매출이 일어나는 것은 당연했다.

비주얼을 바꾸는 일을 보고 흔히 '겉모습을 꾸민다'라고 생각하지만, 이 일을 하면 할수록 이로움에 대한 믿음은 더 강해졌다. "아, 그거 참 좋다"라고 사람들이 내뱉는 말에는 '세상을 향한 이로움'에 대한 인정이 있다. 제품이나 서비스가 세상을 이롭게 한다는 사실이 고객의 마음에 닿을 수 있도록 하는 것이 중요하다. 그 이로움의 끝에는 결국 사람이 있다. 사람에 대한 배려만큼 중요한 비주얼 법칙은 없다. 잘 살펴보면 오랜 내공을 가진 기업이나 가게들은 다 그런 곳이다. 수십 년을 이어오는 곳들을 보면, 고객을 배려하는 마음이 강한 곳일수록 오래 살아남았다. 이 책에서 설명하는 많은 방법들도 결국엔 사람을 배려하는 마음에서 나온 것이다.

비밀을 엿보기 전 갖춰야 할 마인드

이 책은 모두 10장으로 구성되어 있다. 각 장마다 구체적인 사례를 들며 법칙을 설명하고, 어떻게 하면 좋아 보이는지를 세세히 안내했다. 이 방법들을 더 잘 사용하고 싶다면 마인드부터 재정비하면 좋겠다.

첫째, 기존의 방식을 노하우라고 착각하지 말자. '좋아 보이는 것들의 비밀'은 새롭게 사업을 시작하는 사람들뿐만 아니라 오래도록 자신의 영역을 지켜온 사람들에게도 유용하다. 변화해야 할 것 같은데 어떻게 변화해야 하는지 모를 때, 이 법칙들은 든든한 길잡이가 될 것이다. 그러려면 기존의 방식을 고수하고자 하는 마음을 버려야 한다. 변하지 못해서 사라지는 곳이 얼마나 많은가.

둘째, 남과 경쟁하지 말자. 탁월함에는 경쟁이 필요 없다. 핀란드에 있는 한 전통시장을 찾았을 때의 일이다. 시장 이름이 '엄마가 자식에게 주고 싶은 것만 파는 시장'이었다. 그 시장에서 블루베리를 사려고 어느 가게에 들어가, 한국에서 했던 방식으로 흥정을 했다. "블루베리 가격 좀 깎아주세요. 옆집에서는 이보다 더 싸게 팔던데요?" 내 말을 듣고 상인이 말했다. "옆집에서 더 싸게 팔든 더 비싸게 팔든 그건 나와 관계없어요. 나는 옆집과 경쟁하지 않아요." 그러면 무엇과 경쟁하느냐고 되물었다. "스스로의 정직함과 경쟁합니다."

평생을 누군가와 경쟁하면서 살아온 나에게 이 대답은 큰 충격으로 다가왔다. 자신의 정직함과 경쟁한다는 저 사람을 어떻게 이길 수 있겠는가? 그런 곳은 100년, 200년이 지나도 살아남는다. 자신과 경쟁하는 사람은 남들과 비슷해지지 않는다. '좋아 보인다'는 것은 '남들과 달라 보인다'의 다른 말이 아니던가.

결국 가장 중요한 건 '마음에 와닿는가'다. 어떤 사람의 옷차림만 봐도 그 사람의 성격이 까칠한지 부드러운지 짐작이 간다. 상품이나 가게도 그렇다. 수많은 온라인 쇼핑몰 중에서도 유독 내 눈을 끄는 곳이 있고, 처음 가본 가게인데 앞으로도 계속 다닐 것처럼 느껴지는 곳이 있다. 마음을 당기는 것이다. 나도 몰랐던 내 마음을 알아주는 것에 사람들은 끌리게 되어 있다. 당신의 마음을 알아준다는 것을 굳이 말로 하지 않고, 기억과 행동에 스며들도록 만드는 일. 그것이 바로 좋아 보이는 것들의 비밀이다.

차례

좋아 보이는 것은
잊히지 않는다

사람의 기억을 파고드는 이미지의 비밀

Unilever

facebook

Coca-Cola

amaz

BR baskin robbins

CHANEL

사람들에게 뭔가를 기억시키려는 많은 노력이 대개 헛수고로 돌아간다.
왜? 기억은 의도적인 노력으로 만들어지는 것이 아니라
사람의 감각을 통해 자연스럽게 스며들기 때문이다.
그렇다면 뇌에 스며드는 기억은 어떻게 만들어야 할까.

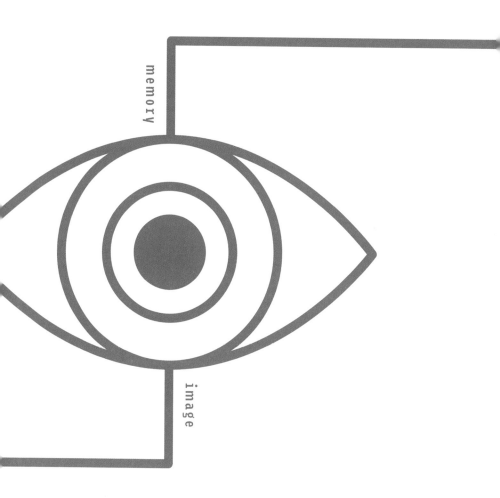

사람의 기억을 파고드는 이미지의 힘

우리 과거도 마찬가지다. 지나가버린 과거를 되살리려는 노력은 헛된 일이며, 모든 지성의 노력은 헛된 일이며, 모든 지성의 노력도 불필요하다. 과거는 우리 지성의 영역 밖에, 그 힘이 미치지 않은 곳에, 우리가 전혀 생각도 해보지 못한 어떤 물질적 대상 안에 (또는 그 대상이 우리에게 주는 감각 안에) 숨어 있다. 이러한 대상을 우리가 죽기 전에 만나거나 만나지 못하는 것은 순전히 우연에 달렸다.[1]

마르셀 프루스트의 소설 『잃어버린 시간을 찾아서』에는 기억에 관한 아주 흥미로운 대목이 나온다. 여기서 주인공 '나'는 콩브레 마을에서의 어릴 적 기억을 떠올리려 애써보지만 전혀 기억해내지 못한다. 그런데 어느 날 어머니가 건네준 마들렌을 홍차에 적셔 한 입 베어 무는 순간 '나'는 소스라치게 놀란다. 그렇게 온갖 노력을 해도 떠오르지 않던 과거의 기억이 미각 하나로 인해 마법처럼 되살아났기 때문이다.

온갖 노력을 해도 떠오르지 않던 과거의 기억이
어릴 때 먹었던 것과 똑같은 맛이나 향으로 인해 마법처럼 되살아나기도 한다.
기억은 이성보다는 감각의 영역이기 때문이다.

이 이야기는 기억에 대한 어떤 진실 하나를 시사해준다. 바로 기억은 이성이 하는 일인 것 같지만 사실은 감각이 하는 일이라는 점이다. 그러므로 무언가를 잊지 않으려면 머리로 외우는 것보다 그 경험을 감각 속에 저장하는 것이 더 효과적이다.

이것만으로 납득이 안 된다면 미셸 공드리 감독의 영화 〈이터널 선샤인〉을 떠올려보자. 이 영화에서는 아픈 과거를 잊기 위해 머릿속 기억을 완전히 지워버린 남녀가 등장한다. 기억이 사라진 두 사람은 기차에서 재회해도 서로를 알아보지 못하지만, 몸속 어딘가에 여전히 남아 있는 감각의 경험들, 이를테면 매일 색깔이 바뀌었던 여자의 염색 머리, 두 손을 꼭 붙잡았던 촉감 등이 결국 서로를 다시 알아보게 하고 사랑에 빠지게 만든다.

제품을 만들고, 마케팅을 하고, 소비자와 소통하는 과정 전체에서 결국 가장 중요한 지점은 사람들의 머릿속에 해당 브랜드와 상품을 기억시키는 일이다. 한 번 보고서도 잊히지 않도록, 세월이 지나도 머릿속에 남아 있도록 우리는 고객의 감각 속을 파고들어야 한다. 좋아 보이는 것들이 가지고 있는 여러 가지 특징이 있지만, 그 모든 특징의 궁극적인 목표는 고객들에게 기억되기 위함임을 명심하자. 기억되지 않으면 팔릴 기회조차 사라진다.

주제 색상을 정하라 :
배스킨라빈스의 핑크색은 왜 그토록 강렬한가

요즘은 내비게이션이나 스마트폰의 지도 앱이 보편화되어 어디든 쉽게 찾아갈 수 있다. 그런데 이런 기술이 없던 시절에는 친구에게 우리 집 위치를 어떻게 설명했을까. "골목 안으로 들어오면 빨간 벽돌집이 보여. 그 옆에 있는 파란 대문 집이야."

주소를 말해주는 게 아니라, 눈에 보이는 이미지로 설명한다. 이렇게 말하면 가보지 않은 곳이지만 마치 눈에 보이는 듯하다. 그게 이미지가 주는 효과다. 우리의 기억을 떠올려보면, 대부분 시각적 이미지로 이루어져 있다는 걸 알 수 있다. 뭔가에 대한 판단을 내릴 때도 시각적 요소가 결정의 대부분을 차지한다. 이러한 시각적 요소 중에서 가장 중요한 것은 무엇일까. 바로 색상이다.

가장 쉽고 강력한 예시가 있다. '핑크색 스푼' 하면 무엇이 먼저 떠오르는가? 잘 모르겠다면 힌트를 하나 더 주겠다. 이 스푼은 아이스크림 스푼이다. 이 두 가지면 누구나 이 브랜드를 떠올릴 것이다. 바로 '배스킨라빈스 31'이다. 바로 이것이 주제 색상이 지닌 힘이다. 그 색상을 보는 즉시 무언가를 떠올리게 하는 힘 말이다. 이토록 색상의 힘이 강력한데도, 자기만의 주제 색상이 없는 기업이나 매장이 부지기수다.

규모가 큰 기업이라고 크게 다르지 않다.

"회사 간판이 무슨 색입니까?"

"파란색입니다."

"직원 유니폼은요?"

"회색입니다."

"명함은 무슨 색깔이지요?"

"흰색에 검정 글씨입니다. 회사 마크는 금박이에요. 고급스럽게 보이기 위함입니다."

"그중에서 회사를 상징하는 주제 색상은 뭔가요?"

"글쎄요…… . 없는 것 같은데요."

주제 색상을 정하라는 건 똑같은 색상으로 통일하라는 말이 아니다. 소비자에게 제품이나 기업의 존재를 각인시키기 위해서는 분명한 색상 신호를 보내야 한다는 것이다. 색상 신호는 행동을 유인하는 강력한 요소이다. 오프라인 매장 중에서 특히 상품의 종류가 많은 곳일수록 색상을 잘 사용해야 한다. 예를 들어 커다란 액세서리 매장이 있다고 하자. 거기엔 수많은 상품들이 판매되고 있겠지만, 매장이 크고 물건이 많다고 해서 사람들이 매장 안으로 알아서 들어가는 건 아니다. '여기에 수많은 멋진 것들이 있다' '다른 곳보다 여기가 더 좋은 곳이다'라는 메시지를 사람들에게 또렷하게 전달하는 것이 중요하다.

그런데 파란색과 흰색 바탕의 간판에 검은 글씨로 상호명이 적혀 있고, 집기는 짙은 갈색과 분홍색, POP 광고는 노란색과 초록색, 흰 천장엔 파란색 테두리 조명이 둘러져 있다고 하자. 무려 일곱 가지에 달하는 색상으로 꾸며진 이 매장은 여러 소리가 섞여 혼란스럽다. 수많은 군중들 속에서 또렷하게 자기만의 목소리를 전달해야 하는데 여러 소리가 섞여 혼란스러우면, 사람들이 이 매장이 내는 목소리에 귀기울이지 않을 것이 자명하다. 너무나 다른 색상들로 인해 매장의 목소리가 공허한 메아리처럼 사방으로 흩어지고 마는 것이다.

매장의 색상 전략은 비슷한 상품을 파는 가게들이 많을 때 더욱 중요하다. 대개 비슷한 유행의 옷들, 비슷한 유행의 액세서리들이 동시 다발적으로 여러 곳에서 팔린다. 그러나 같은 물건을 팔아도 어떤 곳에는 사람들이 들어가고, 어떤 곳에는 사람들이 들어가지 않는다. 어떤 곳은 분명하게 기억하고 다시 찾아가는데, 어떤 곳은 사람들이 아무리 많이 지나다니는 길목에 있어도 사람들을 붙잡지 못하고 기억되지도 못한다. 하지만 주제 색상을 잘 쓰는 가게는 '파란 대문집'처럼 분명하게 기억되고, 사람들이 찾아오기 좋은 곳이 된다. 그렇다면 주제 색상은 어떻게 써야 하는 것일까?

반복의 법칙 :
세 번 이상 보여주면 무엇이 달라지나

배스킨라빈스 31의 핑크색은 왜 유독 강렬하게 기억되는가? 특별히 예쁜 핑크색이어서일까? 물론 그럴 수도 있다. 그보다 중요한 건 반복이다. 배스킨라빈스 31에서는 주제 색상인 핑크색을 간판, 냉장집기, 스푼, 리본, 점원들의 유니폼 등 다양한 곳에서 반복인 듯 아닌 듯 자연스럽게 섞어 보여준다. 이렇게 시각적으로 자주 노출되면 뇌에 효과적으로 각인된다.

이는 잔상을 남기는 색채의 지각적 특성 때문인데, 특정한 색상을 반복해서 보고 나면 그 색의 자극이 망막에 흔적을 남겨 자극을 제거한 후에도 흥분이 지속이 된다.[2] 그리하여 반복 노출된 핑크색은 한 번 방문한 고객의 기억에 남아, 다른 곳에서 핑크색을 보기만 해도 자신도 모르게 이 브랜드를 떠올리고 아이스크림이 먹고 싶어진다. 이렇듯 배스킨라빈스 31은 주제 색상을 아주 잘 쓰는 기업 중 하나다.

배스킨라빈스 31만이 아니라 수많은 브랜드들이 사람의 머릿속에 빨리 각인되기 위해 특정한 색상을 반복해서 사용한다. 유명한 프랜차이즈 카페들을 보면 금방 알 수 있다. 스타벅스는 초록색, 이디야는 파란색, 할리스는 붉은색을 쓴다. 이런 카페들이 우리 눈에 유독 잘 들어오는 이유는 확실한 주제 색상이 있으며, 그 색상이 반배스킨라빈스 31은 왜 핑크색을 반복해서 쓰는 것일까?
시각적으로 자주 노출시켜 뇌에 효과적으로 각인시키기 위해서다.
세 번 이상 반복하라.

복 사용되면서 이미 각인이 되어 있기 때문이다. 그렇다면 주제 색상을 얼마나 반복해야 하는가? 적어도 핵심 장소에 세 번 이상 반복해야 한다.

EBS 다큐프라임 〈인간의 두 얼굴〉 편에 이런 실험 장면이 등장했다. 한 남자가 건널목을 건너다 갑자기 한가운데 서서 손가락으로 하늘을 가리킨다. 그러나 빨리 길을 건너가기도 바쁜 사람들은 아무도 신경 쓰지 않는다. 또 한 명의 남자가 나타나 원래 서 있던 남자 옆에 서서 함께 하늘을 가리킨다. 몇몇 사람들이 힐끗 보고 지나가지만, 그렇게 많이 주목하지는 않는다. 그런데 하늘을 가리키는 사람이 세 명으로 늘자, 지나가는 모든 사람들이 하늘을 함께 바라보기 시작한다. 그들이 향한 손끝에는 아무것도 없었지만, 세 명이 그렇게 서 있으니 막연히 무언가 있을 거라고 생각하고 따라서 바라본 것이다. 이 실험은 미국의 사회심리학자 스탠리 밀그램(S. Milgram)이 1969년에 뉴욕 한복판에서 실시한 '하늘 올려다보기 실험'이다. 그는 이 실험을 통해 군집의 동조를 효과적으로 얻기 위한 최소의 숫자는 '3'이라는 결론을 얻었다.[3]

주제 색상을 기억하게 하는 원칙도 이와 다르지 않다. 주제 색상을 동일 공간, 동일 시간에 시선이 머무는 곳 중 세 군데에서 반복하자. 예를 들면 간판, 유니폼, 쇼핑백, 로고, 포스터 등에 세 번 이상 반복해서 사용하는 것이다. 그래야 색상의 잔상이 뇌에 남는다. 이렇듯 일관성 있게 반복하면 특정 색깔과 이미지가 뇌 속에 저장되었다가 찰나에 되살아나 그 브랜드를 다시 찾게 된다.

한 마을에 수십 년째 살고 있는 사람에게 매일같이 가는 동네 슈퍼마켓의 간판 색깔을 물어보면 거의 대답하지 못한다. 하지만 멀리 떨어져 있는 이마트의 색깔을 물으면 누구나 쉽게 노란색이라고 대답한다.

많은 사람들이 이마트를 노란색으로 기억하는 것은 주제 색상인 노란색을 반복해서 썼기 때문이다. 게다가 이마트의 노란색은 보조 색상인 검은색의 도움을 받아 더욱 선명하게 뇌에 기억된다. 외부 간판은 노란색에 검은색 글씨로 되어 있고, 계산대 직원들의 유니폼도 노란 티셔츠에 검은 바지, 여기에 쇼핑카트까지 노란색으로 주제 색상을 세 번 이상 반복해서 사용하고 있다.

반면 다른 슈퍼마켓들은 어떨까? 대개 흰색, 빨간색, 초록색, 파란색 등이 마구 섞여 있다. 사람들에게 기억되지 못하는 것이 비단 규모의 크기나 접촉 빈도 때문만은 아니다. 주제 색상이 없으니, 자주 마주치는 이들에게조차 인상을 남기지 못하는 것이다.

규모가 작은 곳도 세 번 이상 반복하면 자신의 주제 색상을 쉽게 각인시킬 수 있다. 만약 주제 색상을 초록색으로 선택했다면 쇼핑카트와 유니폼을 초록색으로 맞추고, POP 등 간단하게 교체할 수 있는 것들 위주로 그 색상을 반복한다. 그러면 사람들은 뭔가 달라진 분위기를 단번에 느낄 것이다. 합창과 독창이 주는 웅장함과 감동이 각각 다르듯이, 색상의 반복도 합창의 원리처럼 한 번 사용할 때와 반복적으로 사용할 때의 힘과 전달 속도가 완전히 다르다. 한 색상을 반복해서 사용하면 전달력이 강해진다.

주제 색상이 왜 중요한가. 그 이유는 바로 신뢰감과 연결되기 때문이다. 반복되면 또렷해지고, 또렷한 것은 신뢰감을 준다. 한 사람이 하늘을 가리키면 아무도 신경 쓰지 않지만, 세 명이 가리키면 그들 행동에 근거가 있어 보였듯이 말이다. 네덜란드에서 만난 한 도넛 가게는 핑크색만 반복적으로 사용하고 있었다. 매장의 모든 벽, 브랜드 로고, 유니폼 색깔까지 핑크색으로 통일했다. 분명 세련되어 보이진 않았지만, 최소한 사람들에게 신뢰감을 주고 분명한 인상을 남기는 데는 성공했다.

그런데 정말 이렇게 어떤 색상이든 세 번 이상 반복하기만 하면 되는 걸까? 그렇지 않다. 색상은 의미하는 바와 전달하는 바가 각각 다르다. 그러므로 브랜드와 상품의 정체성 및 가치와 연결 지어 색상을 선택해야 한다. 매번 하는 프레젠테이션이라도 어떤 결과를 보고하는지에 따라 사용하는 색상을 달리해야 한다. 공격적인 사업을 해야 할 때나 보수적인 판단을 내려야 할 때 등, 그 목적에 맞게 자료에 어떤 색깔을 반복적으로 노출하느냐에 따라 전달력이 확실히 달라지듯이 말이다. 때문에 기본적으로 색의 성질을 이해하는 게 중요하다. 또한 색상 선택만큼이나 중요한 것이 색상의 조화로운 사용이다. 색상별 성질과 색상의 조화에 대해서는 2장에서 자세히 살펴보도록 하겠다.

주제 색상을 고를 때의 기준을 하나만 먼저 설명하자면, 주변과 비슷해 보이면 안 된다. 쇼핑가를 걷다 보면 같은 종류의 물건을 다루는 매장들을 수없이 볼 수 있다. 심지어 바로 옆에 붙어 있기도 한다. 그렇다면 같은 상품을 팔고 있음에도 더 좋아 보이는 곳은 어떤 곳인가?

20~30대 여성들이 주 고객층인 쇼핑 거리를 지날 때였다. 그 거리에는 한 집 건너 한 집이 액세서리 가게였는데, 그중 유독 사람들이 발길을 멈추는 가게가 있었다. 그 가게의 주제 색상은 연두색이었다. 액세서리 가게에서 흔히 사용하는 보라색은 바로 옆 가게에서 이미 사용하고 있었다. 그래서 이곳은 보라색과 보색 관계인 노란색이 섞인 밝은 연두색을 주제 색상으로 선정해 반복적으로 노출하고 있었다. 간판, 제품을 걸어두는 진열대, 거울 뒤편의 벽면 등 곳곳에서 연두색을 사용했다. 이 경우 사람들의 시선을 끌고 발걸음을 멈추게 하는 첫 번째 비밀은 연두색에 있는 게 분명하다. 만약 같은 거리에서 같은 상품을 동일한 가격으로 판다면 고객은 어느 곳으로 들어갈까? 자기 목소리가 분명하게 느껴지는 곳, 일관성이 있어 보이는 곳으로 발길이 향하게 되어 있다.

이렇게 사람들의 머릿속을 파고들 수 있는 이미지가 색상뿐일까? 그렇지 않다. 패턴, 소재, 심벌마크도 콘셉트를 정해 세 번 이상 반복하면 통일된 이미지를 만들 수 있다.

주제 색상이 왜 중요한가.
그것은 신뢰감과 연결되기 때문이다.
반복되면 또렷해지고
또렷한 것은 신뢰감을 준다.

패턴도 이미지다 :
포장지의 주름까지 이용하라

'마노핀'이라는 베이커리 카페를 기억하고 있는 이들이 많을 것이다. 지금은 베이커리 카페가 많지만, 마노핀이 등장했을 때만 해도 카페면 카페, 베이커리면 베이커리만 운영하는 게 대부분이었다. 게다가 마노핀에서 파는 음식도 그리 익숙한 것이 아니다. 마노핀은 커피 등 음료와 더불어 영국 전통 방식으로 구워낸 머핀, 컵케이크 등으로 메뉴를 차별화했다. 마노핀이라는 브랜드를 지금도 사람들이 오래 기억하고 있는 데는, 마노핀의 색상과 패턴 전략이 성공적이었기 때문이다.

마노핀의 주제 색상은 프러시안블루라 불리는 짙은 파란색으로, 샌드베이지의 부드러운 크림색과 조화를 이뤘다. 마노핀은 이 주제 색상을 적재적소에 사용했다. 하지만 마노핀이 사람들의 기억에 남는 전략으로 선택한 것은 색상보다 패턴이다.

마노핀은 이름에서 알 수 있듯 '머핀'을 주요 상품으로 내세웠으며, 정통 잉글리시 머핀의 콘셉트를 시각적으로 표현하는 방법으로 패턴을 선택했다. 머핀을 먹으려면 주름이 접힌 종이를 벗겨내야 하는데, 이 종이를 유산지라고 한다. 이 주름 잡힌 유산지는 머핀에서 분리된 후 바로 버려진다. 그런데 마노핀은 이 유산지 주름을 브랜드를 알리는 주제 이미지로 선정했다.

마노핀의 파란색 간판은 유산지처럼 일정한 간격으로 접힌 세로 주름으로 꾸몄다. 외벽 디자인을 할 때도 평면 철판이 아닌 유산지 주름처럼 접은 형태의 철판을 사용했다. 브랜드의 핵심 콘셉트를 시각적으로 표현하기 위해 패턴을 입체적으로 활용한 것이다.

사라지는 기억을 붙들려면 기억을 특정한 이미지와 긴밀하게 연결시켜야 한다. 패턴도 강력한 이미지 중 하나다. 판매하고자 하는 상품의 핵심 콘텐츠를 패턴으로 이미지화하면 사람들은 시간이 많이 지난 후에도 그 패턴만 보고 곧바로 해당 상품을 떠올릴 수 있다. 마노핀은 영국풍 패턴과 색상으로 일관성 있는 목소리를 내고, 이로써 머핀이라는 비일상적인 제품을 각인시켰다.

훌륭한 패턴이 디자인 안에 녹아들어 고객과의 시각 커뮤니케이션을 돕는 효과는 매우 크다. 디자인의 기능은 기본적으로 관계를 표현하는 것이다. 브랜드와 제품, 기업과 철학을 관계 맺게 하는 것이 디자인의 기능이다. 패턴은 이미지의 요소로, 보는 이가 디자인에서 의식적으로 메시지를 읽기 전부터 미리 관계의 뼈대를 만들어준다. 직관적이고 유연하게 소통할 수 있도록 편안한 환경을 만들어주는 것이다. 패턴을 사용할 때는 단순하고 자연스러운 게 좋다. 또 핵심 상품에 패턴을 사용하고 곳곳에 그 패턴을 반복해야 한다. 그러면 1초 안에 상대방에게 장소를 각인시킬 수 있다. 패턴이 1초 만에 특정 장소를 좋아 보이게 만들 수 있는 것이다.

우리가 공간을 공들여 디자인하는 이유는 보는 이와의 관계를 창조하기 위함이다. 그때 훌륭한 패턴은 디자인 안에 녹아들어 고객과의 시각 커뮤니케이션을 효과적으로 돕는다.

인간은 패턴과 친하다. 미처 알아차리지 못할 뿐이다. 인위적으로 만들어낸 것뿐만 아니라 나뭇잎 모양, 물결의 무늬 등 사람을 둘러싼 자연 속에서도 패턴은 수없이 발견된다. 이렇듯 단순하지만 우리에게 친숙한 패턴들을 잘 사용하면 좋은 효과를 볼 수 있다. 미국의 자연주의 디자이너 매기 맥냅(Maggie Macnab)은 자연의 원리를 이해하고 디자인함으로써 외부와 안정적으로 소통할 수 있다고 말한다. 특히 자연 속에 존재하는 패턴을 디자인에 적용하면 훨씬 더 효율적으로 사람들의 기억에 각인될 수 있다고 강조한다.[4]

소재를 통해 더욱더 친근하게 :
왜 그 한식당에는 나무 소반이 그리 많을까

색상이나 패턴보다 더욱 구체적인 이미지를 사용할 수도 있다. 그중 하나가 바로 소재다. 잘 꾸며진 한식당에 가면 전통 항아리 등의 소재를 적극적으로 사용한다. 소반 같은 소재를 곳곳에 배치하는 곳들도 있고, 보자기를 사용하는 곳도 있다. 그러나 앞에서 말했듯이 이런 소재들 마구 섞는 게 아니라, 주요 소재를 선택하고 이를 반복적으로 노출해야 한다. 그래야 그 한식당에 간 기억이 특정 소재의 이미지와 함께 오래 각인된다. 한 가지 강조할 점은 소재는 색상이나 패턴보다 더 적극적으로 사용되어야 한다는 것이다. 왜냐

하면 소재는 구체적인 사물인만큼 강렬함이 부족할 수 있기 때문이다.

'사대부집 곳간'이라는 이름의 한 한식 뷔페의 경우 음식을 모두 소반 위에 올려 진열한다. 다양한 종류의 소반들은 많은 손님을 대접했던 사대부집이라는 개념을 이미지로 저장시키고, 이곳에서 음식을 집어 오고 먹었던 경험을 이미지로 기억시킨다. 나무 소반이라는 소재를 적극적으로 사용하고 있는 것이다. 눈여겨볼 대목은 그 소반이 각각 다른 모양, 다른 크기, 다른 높이라는 것이다. 단순하게 같은 소재를 많이 갖다 놓고 반복하는 게 강렬한 것이 아니라, 이렇게 한 소재 안에서도 다양한 변화를 주면 지루하지 않고 그 소재가 갖는 강렬함이 더 강하게 각인된다. 예를 들어 소반을 단지 음식을 올려놓는 데만 사용하지 않고, 벽에 걸거나 위에 조명을 놓는 등 낯선 방식으로 활용하는 것도 좋은 방법이다.

심벌마크를 만들어라 :
세대와 국가를 뛰어 넘은 심벌마크의 힘

이제까지 색상, 패턴, 소재에 대해서 설명했다. 이 세 가지가 모두 하나로 함축되는 것이 있다. 바로 심벌마크다. 모든 성공한 기업들은 자신만의 심벌마크를 가지고 있다. 그리고 이 심벌마크만 보

소재는 색상이나 패턴보다 더 적극적으로 사용되어야 한다.
소재는 구체적인 만큼 강렬함이 부족할 수 있기 때문이다.

면 이름을 보지 않고도 어떤 기업인지 알 수 있다. '나이키'의 심벌마크가 그 대표적인 예다. '스우시(swoosh)'라고 불리는 이 심벌마크는 그리스 로마 신화에 등장하는 승리의 여신 니케의 날개에 영향을 받아 디자인되었다.[5] 이름 그대로 휙 하고 소리가 날 것 같은 날렵한 모양새의 스우시만 보고도 나이키 제품임을 알 수가 있으니, 이것이 바로 심벌마크의 힘이다. 우리 기억 속에 각인된 심벌마크 몇 가지를 더 떠올려보자.

아디다스

심벌마크가 지닌 힘이 얼마나 강력한가에 관해 아디다스를 빼놓고 논할 수 없다. 세 개의 나뭇잎과 두 줄의 가로선으로 구성된 간결한 이 심벌마크의 힘은 놀라울 만큼 강하다.

라코스테

악어라고 불렸던 프랑스의 테니스 챔피언 르네 라코스테로부터 시작된 라코스테는 그의 별명이 그대로 브랜드의 심벌마크가 되었다.

폴로 랄프 로렌

말을 타고 스틱을 높게 치켜든 폴로 선수의 형상을 담은 폴로 랄프 로렌의 심벌마크에서는 속도감과 역동성이 느껴진다.

빈폴

자전거를 탄 신사 이미지는 브리티시 감성의 브랜드 콘셉트와 완벽히 일치한다.

이렇듯 심벌마크는 브랜드를 기억하게 하는 상징으로 작용해 사람들의 머릿속에 각인된다. 그리고 사람들의 기억에 잘 심어진 심벌마크는 다음 세대로 계속 전승되기도 한다. 심벌마크의 형태가 다소 달라진다 해도 말이다.

심벌마크의 이미지가 꼭 독창적이거나 추상적일 필요는 없다. 심벌마크는 동물과 식물을 비롯한 자연에서, 혹은 신화나 전설 속에서 그 모티브를 가져올 수 있다. 예를 들어 스타벅스의 심벌마크는 그리스 로마 신화에 등장하는 바다요정 세이렌으로부터 나왔다. 원래 세이렌은 반은 새, 반은 인간인 요정으로 알려져 있지만, 세이렌을 인어로 형상화하는 경우도 많다. 스타벅스의 세이렌 역시 인어로 그려져 있는데, 1971년 설립 당시 심벌마크는 훤히 드러난 가슴에 인간의 다리처럼 둘로 나뉜 꼬리를 양 옆으로 크게 벌리고 있어 인어 형상이 더욱 도드라진다.

세이렌은 바다 위로 배들이 지나갈 때 아름다운 목소리로 노래를 불러 선원을 유혹했다. 스타벅스의 심볼마크는 세이렌처럼 지나가는 손님을 유혹해 매장 안으로 들어오게 하겠다는 의지를 노골적으로 드러낸다.

스타벅스가 현재 사용하고 있는 심벌마크는 이미지를 많이 단순화시켜 섹슈얼리티가 약화됐지만, 손님을 유혹하겠다는 기업의 의지만큼은 변함없이 그대로다. 이제 우리는 세이렌 형상만 보고도 스타벅스임을 알아차리며, 그 심벌마크의 의지에 따라 유혹당한다.[6]

브랜드가 확장되기 위해서는 브랜드 고유의 아이덴티티가 분명히 확립돼야 한다. 대부분 창업 초기에는 이런 것에 투자할 여력이 없기 때문에 아예 생각도 못 하거나, 생각해서 만든다 해도 대충 만든다.

앞서 언급했던 스타벅스의 초기 심벌마크도 지금 보면 굉장히 조잡하게 느껴진다. 하지만 이 상징이 색상, 패턴, 소재 등과 함께 사용될 때 시너지가 엄청나다는 사실은 반드시 기억하자. 그리고 기나긴 세월 동안 반복될 때, 그 효과는 단순히 '보기 좋다'는 수준을 넘어서서 완벽하게 독자적인 기억으로 사람들의 뇌리를 독점하게 된다. 수많은 커피 전문점 가운데 스타벅스는 여전히 압도적인 1위를 차지하고 있다. 초록색이라는 주제 색상과 세이렌이라는 상징을 적절히 사용한 스타벅스의 사례를 잘 살펴보면 느끼는 바가 많을 것이다.

예를 들어 카페에서 심벌마크를 만들었다면, 어디에 반복되면 좋을까? 단지 간판만이 아니라 주문대, 층을 안내하는 표지판, 컵홀더, 혹은 컵 안에 새겨 넣어도 좋을 것이다. 커피를 마시다가 컵 안에 숨은 심벌마크를 발견하면 누구나 눈여겨보게 된다. 이런 반복된 시도가 인간의 기억을 장악한다.

색상, 패턴, 소재, 심벌마크 등 이미지의 힘을 활용하면 프랜차이즈 점포나 대형 쇼핑몰, 대기업만이 아닌 다양한 영역에서 자기 존재를 사람들에게 분명하게 인식시킬 수 있다. 핵심은 좋은 것은 이

스타벅스의 심벌마크는 바다 위로 배들이 지나갈 때
아름다운 목소리로 노래를 불러 선원을 유혹한 세이렌처럼
지나가는 손님을 유혹해 매장 안으로 들어오게 하겠다는 의지를
노골적으로 드러낸다. 심벌마크는 브랜드를 각인시키는 강력한 이미지이다.

미지로 기억된다는 점이다. 간혹 음식점 메뉴판에 자신들이 얼마나 좋은 음식을 만드는지 아주 자세하게 설명해놓은 경우를 볼 때가 있다. 하지만 메뉴의 좋은 점을 아무리 구구절절 적어둔들, 그것이 글자로만 되어 있다면 자세하게 기억하지 못한다. 사람들의 눈과 마음을 사로잡는 첫 단계는 이미지다. 모양이 멋진가, 색상이 멋진가가 아니라 핵심 콘셉트와 연결되는 이미지를 사람들의 머릿속에 넣을 수 있느냐 없느냐가 중요하다. 이것이 기억을 유지시키는 시각의 힘이다.

다시 한 번 말하지만 우리의 뇌는 모든 것을 저장할 수 없다. 장기기억으로 저장되는 것들이 있는가 하면, 짧게 기억됐다가 곧 휘발되는 것들도 많다. 그러나 한쪽으로 치워두었던 기억도 어떤 이미지를 보면 다시 머릿속에 떠오른다. 사람들에게 전달하고 싶은 이미지가 언제든 살아 나올 준비가 되어 있는지 확인하자.

마법을 부리는 어울림의 비율
70 : 25 : 5

스타벅스의 초록색은 5%밖에 안 된다

70 25 5

좋아 보이는 것은 조화를 이룬다.
그런데 이 조화를 객관적으로 수치화할 수 있을까?
서로 다른 성격을 지닌 색상들을 정확히 이해해서
인상적으로 조합할 수 있는 방법은 무엇일까.

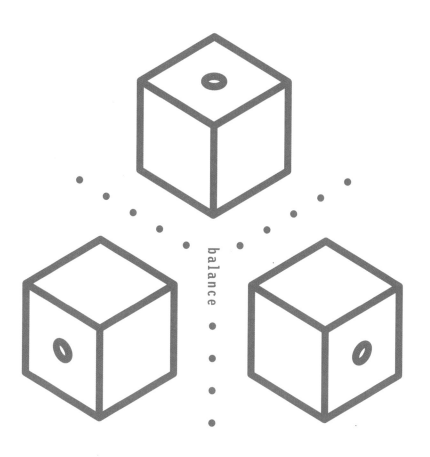

과하지도 부족하지도 않아야 한다

주제 색상을 세 번 이상 반복하기로 했다고 하자. 그러면 다음과 같은 의문이 들 것이다. 어떤 색을 주제 색상으로 해야 할까? 붉은색이 강렬하니 매장을 온통 붉은색으로 만드는 게 좋을까? 사업 분야별로 잘 어울리는 주제 색상이 따로 존재하는 걸까? 주제 색상을 정했다면 그 비율은 어떻게 정해야 할까?

어떤 종류의 상품을 만드는 기업이냐, 어떤 물건을 파는 매장이냐에 따라 잘 어울리는 색상이 분명 있다. 하지만 색상 선택보다 중요한 것은 주제 색상을 적당히, 그리고 적절히 사용하는 것이다. 더 좋은 색이라는 것은 없다. 같은 색도 어떻게 쓰느냐에 따라 더 촌스럽게 혹은 더 고급스럽게 보인다. 색 하나로 더 맛없어 보이기도 하고 더 맛있어 보이기도 한다. 그렇다면 그 '적절한 선'은 어떻게 알 수 있을까?

일단 '조화'를 생각해야 한다. 색상을 적절하게 사용하라는 말은 다른 것과 '어울리게' 색상을 사용하라는 뜻이다. 주제 색상이라고 해서 모든 것에 그 색을 사용할 수는 없으므로 당연히 다른 색깔도 함께 쓰게 되는데, 이때 서로 어울리도록 색상을 조합하는 것이 중요하다.

아무리 실력이 좋은 피아니스트라 해도 오케스트라와 협연할 때 서로 조화를 이루지 못하면 피아노 소리가 아름답게 느껴질 리 없다. 상업적인 공간도 마찬가지다. 공간 안의 요소가 조화를 이루는가 아닌가에 따라 분위기가 확연히 달라진다. 강하고 분명해 보이는 것은 잘못하면 불편하게 느껴지므로 주의해야 한다. 어떤 공간이든 어떤 상품이든 소비자가 편안하고 즐겁게 받아들이게 만드는 게 중요한데, 주제 색상을 적당히 사용해야 하는 이유도 바로 여기에 있다.

만약 카페가 온통 흰색으로만 구성되어 있다면 어떤 느낌이 들까? 통일감은 있겠지만 곧 지루해질 것이다. 매일 똑같은 음식을 먹거나 같은 일을 반복하면 흥미와 재미가 떨어지는 것처럼, 색상의 통일 역시 지나치면 지루하고 단조롭게 느껴진다. 그렇다고 지루함을 없애기 위해 빨간색, 노란색, 파란색을 여기저기 섞어 쓴다면? 분명 정신없는 공간이 될 것이다. 사람들의 발길을 붙잡는, 사람들의 머릿속에 남는 공간이 되려면 불편하거나 산만해 보이면 안 된다.

또 하나 유념해야 할 것은 주제 색상이 매력적이며 생기 있고, 인상이 분명하게 보이도록 만들어야 한다는 것이다. 가령 초등학교 운동회에서 흰색 체육복을 입은 아이들로 가득한 운동장에 한 아이가 빨간 체육복을 입고 있다고 하자. 온통 흰색으로 물든 운동장이지만 분명 생기가 느껴질 것이다. 그런데 빨간 체육복을 입은 아이가 중간중간 꽤 많이 껴 있다면 어떨까? 혹은 전체가 빨간 체육복을 입고 있다면? 빨간 체육복을 입은 아이가 한 명만 있을 때보다 긴장감도 생동감도 훨씬 더 떨어질 것이다. 오히려 산만해 보일 뿐이다. 주제 색상을 어느 정도까지 쓰는 게 좋을지 생각할 때 이 운동장 비유를 떠올리면 도움이 될 것이다.

이렇듯 조화를 깨뜨리지 않는 범위 안에서 색상을 적절히 보여주는 게 중요하다. 그렇다면 이 적정선을 찾는 일은 그저 느낌과 경험에 의존할 수밖에 없는 걸까? 그렇지 않다. 여기에도 분명 법칙이 있다. 지금부터 그 법칙에 관해 자세히 살펴보자.

사람들은 70%보다 5%를 강렬하게 기억한다

사람들이 붉은색을 좋아한다고 매장 전체를 빨갛게 칠할 것인가? 주제 색상을 정했다고 해서 그 한 가지 색상만 써서는 안 된다. 주제 색상을 받쳐주는 다른 색상들을 함께 사용해야 한다.

공간에 사용되는 색상은 세 가지로 나눌 수 있다. 기본 바탕이 되는 '기본 색상', 주제 색상을 돋보이게 보조하는 '보조 색상', 그리고 사람의 시선을 사로잡는 '주제 색상'이다. 이 세 가지 색상을 적당한 비율로 조화롭게 사용해야 하는데, 그 조화에는 원칙이 있다. 이 원칙만 잘 따르면 누구든지 느낌 좋은 공간, 사물이 좋아 보이는 환경을 만들 수 있다.

색상이 조화롭게 보일 때의 비율은 70(기본 색상) : 25(보조 색상) : 5(주제 색상)이다. 사람들은 이런 비율로 배색된 공간을 볼 때 모든 게 잘 어우러져 있다고 느낀다. 잘 어우러졌다는 느낌은 맛있어 보이거나 멋있어 보이거나 하는 이미지와 연결된다. 반대로 조화가 어긋나 있는 느낌은 맛없어 보이거나 멋없어 보이는 이미지와 연결된다.

색상의 비율은 사람의 호감을 이끌어내는 데 큰 역할을 한다. 그러므로 이 마법의 비율 70 : 25 : 5를 항상 기억해두자. 세 가지 색상을 70 : 25 : 5로 조합하는 법칙은 인테리어, 그래픽, 패션, 웹디자인 등 다양한 디자인 분야에 적용되고 있다.

그렇다면 스타벅스도 이 70 : 25 : 5 비율을 따르고 있을까? 스타벅스를 떠올리면 짙은 초록색이 가장 먼저 떠오르고 녹색이 전부일 것 같은데, 알고 보면 전체 색상의 5%밖에 되지 않는다. 놀랍지 않은가? 이것이 바로 눈길을 사로잡는 주제 색상의 위력이다. 주제 색상을 돕는 보조 색상으로는 짙은 갈색을 쓰고 있는데, 그 비율은 25%다. 그리고 나머지 70%를 기본 색상인 따뜻한 느낌의 아이보

색상의 비율은 사람의 호감을 이끌어내는 데 큰 역할을 한다.
그러므로 마법의 비율 70:25:5를 항상 기억해두자.
세 가지 색상을 70:25:5로 조합하는 법칙은 인테리어,
그래픽, 패션, 웹디자인 등 다양한 디자인 분야에 적용할 수 있다.

리색이 차시하고 있다. 이마트도 마찬가지다. 기본 색상인 흰색이 70%, 보조 색상인 검은색이 25%, 주세 색상인 노란색이 5%를 차지한다. 이 경우에도 우리가 기억하는 이마트의 색상은 주제 색상인 노란색이다.

예를 들어 내가 매장을 운영하고자 한다면 이 법칙을 어떻게 적용할 수 있을까? 20평 규모의 작고 소박한 한식당을 운영한다고 가정해보자. 이 식당은 오피스 밀집 지역에 위치해 있으며, 주로 점심 시간 이용자가 많고, 주 고객은 회사원들이라고 하자.

우선 한식당에 빠지지 않는 색상을 적어보자. 갈색, 흰색, 초록색, 베이지색 등이 떠오른다. 이 중 가장 넓은 면적에 들어가야 할 색상, 즉 전체의 70%를 차지하는 기본 색상을 먼저 고르자. 넓은 면적을 차지하는 벽면이나 천장 등에 쓰일 기본 색상은 흰색이나 베이지색이 유력하다. 이런 색은 어떤 다른 색들과도 잘 어울리기 때문이다. 이처럼 기본 색상은 일반적으로 무채색이며, 원색보다는 옅은 색상을 쓴다.

다음으로 25%를 차지하는 보조 색상을 골라보자. 한식당이므로 갈색이 가장 적절해 보인다. 갈색 테이블, 갈색 항아리, 갈색 바닥 등 한식당에서 빠뜨릴 수 없는 색상이 바로 갈색이다. 그 업종을 떠올렸을 때 자연스럽게 연상되는 색을 쓰면 안정적인 결과를 가져올 수 있다.

그렇다면 5%를 차지하는 주제 색상은 어떤 게 좋을까? 여기가 전략적인 고민이 필요한 지점이다. 앞서 직장인들이 많고 점심시간이 주 이용시간이라고 했는데, 이런 경우에는 초록색을 택하는 것이 좋다. 또한 초록색 중에서도 검은색이 포함된 짙은 초록보다는 노란색이 가미된 밝고 따뜻한 초록이 훨씬 좋다. 검정이 포함된 초록색 자체가 좋지 않아서가 아니라, 음식점이기 때문이다. 어두운 초록빛을 띤 음식을 떠올려보라. 쓰고 끈적이는 종류의 음식들이 생각나지 않는가? 그러니 좀 더 산뜻한 초록색을 쓰는 게 좋을 것이다. 참고로 스타벅스의 초록색은 짙은 편이다. 그 이유는 스타벅스가 쓴맛이 나는 음료, 즉 커피를 팔고 있기 때문이다. 같은 색상이어도 밝기 정도에 따라 느낌이 확 달라진다. 선택은 내가 하고자 하는 일의 성격과 관련지으면 될 것이다.

이렇게 기본 색상과 보조 색상, 주제 색상을 정했다면 더 이상 깊게 고민하지 말고 바로 마법의 비율인 70 : 25 : 5만 지켜 실행하면 된다. 이제는 주제 색상을 고르는 법을 설명할 때, 각 색상의 성질에 대해 먼저 이야기하지 않고 색상이 조화를 이루는 비율을 먼저 이야기한 이유를 짐작할 수 있을 것이다. 조화를 고려하지 않고서는 어떤 색깔의 좋고 나쁨을 판단하는 것이 무의미하기 때문이다. 이제부터는 본격적으로 브랜드에 맞는 색상을 고르는 방법을 살펴보도록 하자.

브랜드와 어울리는 색을 고르는 법

"파스타 가게를 열려고 하는데 테이블 냅킨을 무슨 색으로 하면 좋을까요?"

"어린이를 위한 골프 교실의 내부는 어떤 색으로 칠해야 할까요?"

"작은 초콜릿 가게에서는 어떤 색의 포장지를 써야 할까요?"

사업을 시작하려는 사람들 대부분이 하는 고민이다. 이런 고민 끝에 결국은 자신이 선호하는 색상을 고른다. 더 연구한다 해도 주변 지인의 조언을 구하는 것이 고작이다. 가장 좋은 방법은 고객이 원하는 색의 선호도를 알아내고 그 색을 사용하는 것이다. 그러려면 각 색상이 가지고 있는 보편적인 성질을 이해하고, 이를 잘 활용해야 성공률이 높을 것이다. 이제부터 각 색상이 지니는 성격과 그 색상과 잘 어울리는 업종 등에 대해 알아보자. 이미지를 구성하는 형태, 재질감, 색상, 크기 등의 요소들 중에서 색상이 지닌 영향력이 80% 이상이라고 하니, 좋아 보이는 것을 결정하는 80%의 요소가 색상이라 해도 틀린 말이 아니다. 때문에 색상의 중요성은 나날이 더 크게 인식될 것이다.

1. TV뉴스의 배경은 왜 모두 파란색일까

텔레비전 뉴스를 보면 앵커 뒤에 보이는 배경이 주로 파란색인 방송사마다 배경으로 파란색을 주로 쓰는 이유가 무엇일까.
정확한 사실과 정보만을 전달해야 하는 뉴스에서 가장 중요한 것은 신뢰이고,
파란색은 신뢰감을 주는 색상이기 때문이다.

것을 알 수 있다. 왜 파란색 배경을 쓸까? 앵커가 잘생겨 보이게 하려고? 글씨가 선명하게 보이니까?

방송사마다 비슷비슷하게 파란색을 쓰는 이유가 무엇일까? 뉴스에서 가장 중요한 것은 신뢰이고, 파란색은 신뢰감을 주는 색상이기 때문이다. 정확한 사실과 정보만을 전달해야 하는 뉴스의 속성을 파란색을 통해 시각적으로 나타내고 있는 것이다.

사람들은 파란색을 어떻게 느끼는가? 독일의 사회심리학자 에바 헬러(Eva Heller)의 저서 『색의 유혹』에 따르면 파란색은 신뢰의 색(35%), 조화의 색(27%), 호감의 색(25%), 우정의 색(25%) 순으로 자주 언급된다.[1] 또한 파란색은 사람들이 가장 좋아하는 색깔이기도 하다. 남자의 46%, 여자의 44%가 가장 좋아하는 색깔로 파란색을 꼽았으며, 남자의 1%, 여자의 2%만이 파란색을 싫어한다고 답했다.[2]

파란색과 반대로 빨간색은 거짓말을 암시하는 색깔로 쓰인다. 말도 안 되는 터무니없는 거짓말을 우리는 '새빨간 거짓말'이라고 하지 않는가. 관용구인 '새빨간 거짓말'의 유래에 대해서는 국립국어원도 시원한 답변을 내놓지 못한다. 불을 보듯 뻔한 거짓말이라는 데서 유래한 말일까? 그건 알 수 없다. 인간은 어떤 이유에서인지 특정 색상과 특정 이미지를 연결시키는데, 이는 오래된 편견이자 인식의 근거로 작동하고 있다. 그 인식을 뒤집어엎는 시도도 할 수 있지만, 그렇다고 해도 원래 갖고 있는 의미를 이해하는 것이 기본이다. 또 하나 중요한 것은 어떤 색상을 함께 사용하느냐에 따라 색상의 이미지가 완전히 달라질 수 있다는 점이다.

신뢰의 파란색을 주로 쓰는 곳은 어디일까? 바로 금융권이다. 많은 은행들이 주제 색상으로 파란색 혹은 파란빛이 도는 초록색을 많이 사용한다. 그 이유도 고객의 재산을 안전하게 관리하고 있다는 신뢰의 이미지를 주기 위해서다.

파란색은 미래에 대한 비전과 희망을 상징하는 색이기도 하다. 짧은 순간의 열정이 아니라 장기적으로 인정받는 상호 간의 이해를 중요한 미덕으로 삼는다. 따라서 전자, 기계, 금융, IT 계통의 업종에도 잘 어울린다.

우리나라의 대표적인 기업 삼성전자도 전자제품의 정밀함과 기술력에 대한 신뢰를 주기 위해 파란색을 브랜드 이미지로 쓰고 있다. 삼성이 로고 색상을 파란색으로 정한 이유는 해외에서 주로 IT 브랜드로 인식될 것을 고려했기 때문이다. 기본 색상인 파란색은 하늘과 바다를, 타원형은 우주와 세계무대를, 세련되고 세밀한 로고 글씨체는 정교한 기술과 첨단기업 이미지를 상징한다.

2. 맥도날드의 간판이 빨간색인 이유는?

빨간색은 먹거리에 아주 적합한 색상이다. 빨간 계통의 색은 부교감신경을 자극해 사람들로 하여금 더 많이 먹게 하는 효과가 있기 때문이다. 특히 빨간색과 노란색은 식욕을 불러일으키는 데 환상적인 조합이다. 여러 맛 중에서도 이 두 색은 단맛을 많이 느끼게 해주는 최상의 조합이기도 하다.

　이와 관련해 한국색채학회의 한 세미나에서 공개된 실험이 있다. 다양한 색상으로 조합된 10개의 과자 봉지를 테이블 위에 올려놓고 아이들에게 이 중 가장 먹고 싶은 과자를 골라오게 했다. 과연 아이들은 어떤 봉지를 골랐을까? 아이들 중 무려 80%가 빨간색과 노란색으로 조합된 봉지를 골랐다. 그래서인지 마트에 진열된 과자 봉지의 색상을 보면 대부분 빨간색과 노란색 조합이다. 아이들은 봉지 색상만 보고도 과자가 단맛인지 짠맛인지 매운맛인지 기가 막히게 알아챈다. 이처럼 소비자는 내용물을 입으로 먹어보기 전에 이미 눈으로 먼저 먹는다.

　색상은 맛과 밀접한 관계가 있다. 우리에게는 눈으로 보는 것만으로 맛을 알아내는 신비한 능력이 있다. 우리는 평소에 '맛있어 보인다' '맛없어 보인다'라는 말을 얼마나 자주 하는가? 조금 다른 이야기지만, 일반적으로 남성보다 여성, 어른보다 아이의 미각이 훨씬 더 예민하다. 아이가 맛있는 음식이나 과자를 한입 가득 물고 있는 것은 미각 세포들이 집중적으로 모여 있는 미뢰가 어른보다 많기 때문이다. 게다가 빨강은 사탕이나 케첩처럼 아이들이 가장 좋아하는 단맛과 결합되어 있어, 아이들은 빨강을 보기만 해도 단맛을 저절로 연상한다.

　그렇기 때문에 아이들의 입맛을 겨냥하는 햄버거 브랜드인 맥도날드나 롯데리아는 빨간색과 노란색 조합을 사용한다. 또한 앞서 말했듯 빨간색과 노란색의 조합은 식욕을 불러일으킨다. 아이들은 햄버거 매장에서 햄버거만 먹지 않는다. 콜라, 감자튀김, 오징어링까지 먹어야 만족한다. 빨간색과 노란색은 더 많이 먹게 하는 놀라운 능력을 가지고 있어서 아이들은 자신도 모르게 폭식을 하게 된다. 맥도날드의 노란색은 감자튀김을, 빨간색은 새콤달콤한 케첩을 연상시키기도 하는데, 이런 연상 작용도 인간의 행동을 불러일으키는 데 아주 중요한 요소다.

또한 빨간색은 빠른 속도를 연상시키므로 패스트푸드의 속성과도 잘 어울릴 뿐만 아니라, 따뜻한 이미지를 지녀서 갓 나온 따뜻한 햄버거를 떠올리게 만든다.

맥도날드의 빨간색에도 변화가 있었다. 2004년 다큐멘터리 영화 〈슈퍼사이즈 미〉가 개봉한 이후 패스트푸드가 건강에 좋지 않다는 인식이 확산되면서 맥도날드는 큰 고민에 빠졌다. 맥도날드는 이미지 쇄신을 위해 홈페이지에 재료의 원산지를 공개하고 재료를 재배하는 농부의 인터뷰 동영상을 올리는 등 건강한 이미지를 강조하기 시작했다. 그러면서 신규 출점되는 점포의 색상에도 변화를 주었다. 건강한 먹거리라는 이미지를 주기 위해 원색의 노란색과 빨간색에 갈색이나 검은색 등 보조 색상의 비율을 높인 것이다. 이처럼 기업의 콘셉트 변화를 알리기 위한 전략으로써 색상을 효과적으로 활용할 수 있다.

빨강은 사탕이나 케첩처럼 아이들이 가장 좋아하는 단맛과 결합되어 있어서
보기만 해도 식욕을 높이는 효과가 있다.

식품 포장지에 빨간색을 과도하게 사용할 경우 칼로리가 높다는 인상을 줄 수 있는데, 이럴 때도 보조 색상을 사용해 변화를 주는 게 가능하다. 칼로리가 낮은 음식이라는 느낌을 주려면 흰색과 녹색을 함께 쓰는 방법이 효과적이다. 특히 빨간색과 흰색의 조합은 저칼로리라는 인상을 강하게 준다.

빨간색과 어울리는 색깔에는 또 무엇이 있을까? 여러 색깔이 있지만 그중 하나가 갈색이다. 빨간색과 갈색이 만나면 깊은 맛을 연상시킨다. 특히 장류 등 발효식품을 즐겨 먹는 아시아권에서 아주 효과적이다. 항아리 안에 담긴 고추장을 떠올리면 쉽게 이해가 갈 것이다.

때문에 갈색을 함께 쓰면 세월을 두고 익히고 삭힌 음식의 깊은 맛을 빨리 연상시킬 수 있다. 이때는 빨갛다는 말보다 붉다는 표현이 더 적절할 것 같다. 붉은 고추장, 붉은 고춧가루를 이용한 음식이 많은 곳에서는 음식을 담는 그릇은 흰색을, 테이블은 갈색을 많이 사용한다. 음식은 붉은색이 돋보이도록 흰색 그릇에 담고 그 바탕에 갈색을 까는 것이다.

반면 영미권의 레스토랑에 가면 흰색 테이블보가 깔려 있는 경우가 많다. 한국에서처럼 발효된 음식, 오래된 시간의 정성을 표현하는 음식보다는 즉석에서 만들어 먹는 샐러드나 스테이크 등이 주요 메뉴이기 때문이다. 샐러드의 초록색과 스테이크의 검은 갈색은 흰색 테이블 위에서 더 싱싱하고 고급스럽게 보인다. 그 밖에도 빨간색은 어떤 색과 쓰느냐에 따라 다양한 느낌을 준다. 빨간색과 검은색 조합은 고급스러운 이미지를 전달한다.

이렇듯 빨간색을 쓰면 많은 장점이 있지만 점점 선호도가 떨어지고 있다. 광고나 길거리 간판 등에 너무 자주 사용되고 있기 때문이다. 너무 흔한 색깔이기 때문에 사람들이 싫증을 낼 수 있다는 사실도 염두에 둘 필요가 있다. 만약 이런 점이 염려되더라도 빨간색을 쓰고 싶다면, 약간 다른 톤으로 활용하거나 보조 색상과의 배색을 조절해서 빨간색의 새로운 매력을 찾아야 할 것이다.

3. 카카오톡은 왜 노란색을 선택했을까?

교통사고가 가장 적게 나는 자동차 색은 무엇일까? 눈에 잘 띄는 빨간색일까, 위협적으로 느껴지는 검은색일까, 아니면 가장 환한 흰색일까? 여기에 힌트가 될 만한 이야기가 있다. 우리가 쓰는 테니스공은 노란색이지만 원래는 흰색이었다. 1972년 윔블던 대회부터 노란색 공을 사용하기 시작했는데, 그 이유는 이때부터 컬러TV가 본격적으로 보급됐기 때문이다. 텔레비전 화면에서 흰색 공이 잘 보이지 않는다는 이유로 노란색 공이 도입되었다.[3] 실제로 교통사고가 가장 적게 나는 자동차 색 역시 노란색이다. 테니스공이 그렇듯 자동차도 노란색이 가장 잘 보이기 때문이다.

노란색은 멀리 있어도 뚜렷하게 보이고 가까이 있으면 눈에 확

들어오기 때문에 경고를 알리는 색으로 널리 사용되고 있다. 노란 바탕 위에 검은색 글자 혹은 이미지는 독성이나 폭발성이 있는 물건, 또는 방사능 물질을 알리는 경고 표시로 쓰인다. 노랑과 검정의 줄무늬는 경계 표시판으로, 높이가 낮고 폭이 좁은 통로나 기계의 위험한 모서리 부분을 경고할 때 사용되기도 한다.

색상은 각자 파장을 가지고 있다. 400~700nm 사이의 파장을 가진 가시광선 중에서 노란색은 565~590nm 정도로 길지도 짧지도 않은 중간 길이의 파장을 지닌 색상이다.[4] 즉 물체가 노란색일 경우 눈 안에 상이 가장 정확히 맺히는 것이다. 그래서 정확하게 인지되어야 하는 고속도로 중앙선, 안전 표지판, 유치원 버스 등에 노란색을 쓴다.

이런 주목성이 높은 노란색을 사용해 성공한 대표적인 브랜드가 바로 카카오다. 우리나라의 스마트폰 유저라면 하루에도 몇 번씩 카카오톡의 노란색 창을 만날 것이다. 최근에는 사람들의 머릿속에서 노란색 하면 바로 떠오르는 것이 고속도로 중앙선 다음으로 카카오톡일 정도로, 카카오톡의 노란색은 사람들에게 깊이 각인되어 있다.

이석우 카카오 전 대표는 어느 대학 강연에서 "사람의 눈에 가장 도드라지는 색깔인 노란색과 검은색으로 카카오톡 로고를 디자인했다"고 말했다. 어떻게 하면 즉시 사람들 눈에 띄고 빠른 시간 안에 브랜드를 각인시킬 수 있을까 생각한 결과, 노란색과 거의 검정

카카오톡 팝업스토어를 살펴보면
주제 색상인 노란색을 적극 활용하여
주목성과 귀여움을 동시에 강조하는 것을 볼 수 있다.

에 가까운 짙은 갈색의 조합이 탄생한 것이다. 카카오톡 팝업스토어를 살펴보면 주제 색상인 노란색을 적극 활용하여 주목성과 친근함을 동시에 강조하는 것을 볼 수 있다.

카카오는 확장 전략으로써 오프라인 팝업스토어를 공격적으로 사용한 기업이다. 메신저에서 쓰는 이모티콘의 캐릭터들을 굿즈로 만들어 현실 속에서 접할 수 있게 했다. 모바일 안의 평면 캐릭터를 오프라인 매장에서 입체적인 캐릭터로 불러냈는데, 고객들은 오프라인 팝업스토어를 방문하여 메신저에서 주고받던 캐릭터 상품들을 실제로 만나볼 수 있다. 주로 친한 친구나 지인들과 주고받을 때 메신저를 사용하다 보니 이 캐릭터 상품들도 매우 친근하고 사적인 느낌으로 다가온다. 성인이 되었지만 마음은 아이로 남고 싶어 하는 최근의 키덜트 감성을 건드리겠다는 카카오의 전략이 제대로 적중한 것이다. 이 오프라인 매장 또한 노란색과 검정색을 사용하여 멀리서도 눈에 띌 수 있게 주목도를 높였다.

노란색은 과학적으로 주목성이 높을 뿐만 아니라 심리적으로도 에너지를 주는 색이다. 스마일 마크의 노란색은 보기만 해도 기분이 좋아진다.[5] 대표적인 건강보조식품 레모나C를 비롯하여, 피로회복제 같은 식품들의 포장지도 노란색이다. 만약 비타민 제품의 포장지가 검은색이라면 우리가 쉽게 입으로 가져가 톡 털어 넣을 수 있을까? '이거 먹고 어떻게 되는 거 아냐?'라는 생각이 들지도 모른다. 마찬가지 이유로 노란색을 공부방 한쪽 벽면에 칠해주면 아이들이 지치지 않고 공부하는 데 도움이 된다. 그래서 어린이를 위한 스포츠 교실에 노란색을 쓰면 아주 좋다. 스포츠 교실에 있는 초록색 잔디나 매트와 노란 벽의 배색이 적절할뿐더러, 노란색이 주는 에너지 덕분에 아이들은 하루 종일 연습하고 뛰어놀아도 쉬이 지치지 않는다.

즐겁고, 유쾌하고, 에너지를 주는 음식과 장소임을 강조하고 싶다면 노란색을 주제 색상으로 선정하는 게 좋다. 다만 음식에 노란색이나 빨간색, 주황색 등을 많이 쓰면 기름이 많다는 인상을 주므로 주의해야 한다. 이러한 인상을 줄이려면 흰색이나 녹색을 함께 쓰면 된다. 한편 노란색, 빨간색, 주황색을 전혀 사용하지 않은 식품을 내놓으면 어떨까? 약으로는 먹을 수 있겠지만, 맛있어 보인다는 느낌은 들지 않는다. 그러니 바탕이 어떤 색이든 이 제품이 분명하게 먹을거리라는 사실을 표시하고 싶다면 빨간색 마크나 노란색 그림을 넣는 것이 좋다.

4. 초록색 네이버의 항해

일본의 잡화 전문 브랜드 '도큐핸즈(TOKYU HANDS)'는 주거 및 생활에 관련된 다양한 제품을 판매하는 곳이다. 도큐핸즈는 초록색을 기업의 대표 이미지 색상으로 쓰고 있다. 도큐핸즈에서 사용하는 초록색은 포레스트 그린(forest green), 즉 숲의 녹색이다. 이런 초록색을 좋아하는 사람들이 어떤 취향일지 한번 생각해보자. 캠핑이 취미이거나, 아웃도어 생활을 좋아하는 이들이 먼저 떠오른다. 초록색을 좋아하는 사람들은 자연을 동경할 확률이 높다. 남성들에게도 소구력이 높은 색이다. 35~60세 남성 중 바쁜 도시 생활을 하면서도 여가를 중요하게 여기는 이들을 위한 제품에 초록색을 많이 쓰는 것을 볼 수 있다.

색상은 인간이 가지고 있는 어떤 욕망과 결핍감을 대표한다. 성격이 온화하고 남들에게 세심하게 신경을 쓰는 사람, 수면 부족에 시달리는 사람, 건강에 관심이 높은 사람들이라면 대부분 초록색을 좋아할 것이다.

다이어트 제품의 포장지는 왜 거의 초록색일까? 붉은색 계통은 식욕을 자극하는 반면, 초록색 계통은 식욕을 떨어뜨리기 때문이다. 또한 초록색은 안정감을 주기 때문에 정량만큼 먹게 한다. 그래서 집의 식탁보를 초록색으로 깔면 다이어트에 도움이 된다.

초록색은 건강 관련 식품, 웰빙 식당 등에서 많이 사용하지만 식당의 경우 초록색만 쓰면 음식이 맛이 없다는 느낌을 줄 수도 있다. 그렇기 때문에 주황색이나 노란색을 보조 색상으로 같이 쓰는 것이 좋다.

국내에서 초록색을 이용한 기업 중 대표적인 성공 사례가 바로 네이버다. 네이버는 1999년 서비스를 시작한 이래, 글로벌 기업으로 수많은 사업에 진출했는데 홈페이지와 로고에 꾸준히 쓰던 초

성격이 온화하고 배려심이 많은 사람, 수면 부족에 시달리는 사람,
건강에 관심이 높은 사람, 실내보다 실외 활동을 하고 싶어 하는 사람이라면
초록색을 좋아할 것이다. 색상마다 인간이 가지고 있는
어떤 욕망과 결핍감을 대표한다.

록색을 다른 사업 분야에도 계속 활용하고 있다. 덕분에 누구나 네이버 하면 초록색을 함께 떠올린다. 2002년부터 사용되고 있는 네이버 심벌은 탐험가의 모자를 모티브로 제작되었다. 배우 전지현이 탐험가 모자를 쓰고 나온 광고를 기억하는 사람들이 아직도 많을 것이다. 당시만 해도 네이버가 무엇을 하는 회사인지 모르는 사람이 많았는데, 초록색과 탐험가 모자만은 기억에 확실히 심어진 것이다. 지식과 정보를 향한 탐험이라는 브랜드 특성을 잘 담은 광고는, 신뢰와 안정감을 주는 초록색을 주제 색상으로 사용하여 정확한 정보를 제공하겠다는 서비스 철학을 잘 표현했다. 네이버의 초록색은 브랜드 인지도를 높이고 브랜드 정체성을 확보하는 데 강력한 힘을 발휘한 컬러 마케팅의 대표적 사례다.

초록색은 다양한 업종에서 무난하게 사용할 수 있는 색상이다. 하지만 초록색을 쓸 때 검은색을 함께 쓰느냐 노란색을 함께 쓰느냐에 따라 느낌이 달라진다. 특히 음식에 사용할 수 있는 여부가 달라진다. 초록색을 주제 색상으로 사용할 때는 함께 사용하는 보조 색상을 잘 선정해야 한다.

5. 핑크 공주의 부진

여성이 주요 고객인 업종에는 분홍색이 빠질 수 없다. 여성은 자신을 아름답게 만들어주는 색상에 넋을 놓게 마련인데, 연분홍색이 대표적이다. 이 색상은 보기만 해도 여성 호르몬이 활발하게 분비되고 도파민(dopamine)이나 베타엔도르핀(beta-endorphine)이 분비되어 여성을 더욱 여성답게 해준다. 따라서 여성을 대상으로 하는 광고나 상품 포장, 가게의 입구에 분홍색 계열의 색을 보여주면 여성의 시선을 사로잡을 수 있다.[6]

같은 여성이라도 10대는 밝고 선명한 장미 계열의 연분홍색에 호감을 갖고, 20대는 자주색이 약간 섞인 분홍색이나 회색이 들어간 스모키 핑크 등을 좋아한다. 아이를 키우는 30대 여성들은 오렌지가 섞인 분홍색을 좋아하는데, 모성애가 강한 여성은 무의식적으로 아이의 성장을 위해 밝고 경쾌한 색을 선호한다. 또한 45세 이상이 되면 전보다 진하고 빨간색에 가까운 분홍색을 좋아한다. 여성이 주요 고객인 사업이나 매장을 창업한다면 연령대를 고려하여 다양한 분홍색을 주제 색상으로 사용해보는 것이 좋다.

하지만 이렇게 여성을 상징하는 분홍색도 과하게 사용하면 부작용이 생길 수 있다. 대표적인 사례가 분홍색으로 대변되는 대표적인 화장품 브랜드, 에뛰드하우스이다. 에뛰드하우스는 길을 걷다 보면 누구든 쳐다보지 않을 수 없을 정도로 핑크색 인테리어를 과하게 사용했다. 인형의 집을 연상하게 하는 매장 디자인, 공주풍으로 꾸며진 실내 인테리어는 당시 젊은 여성 고객들의 마음을 순식간에 사로잡았으나, 공주 마케팅은 곧 식상해졌다. 에뛰드의 과도한 '핑크 마케팅'을 다룬 기사까지 있었을 정도다.[7]

분홍색과 흰색만으로 이루어진 공간은 쉽게 질릴 수 있다.
기본 색상, 주제 색상, 보조 색상이 적절히 어울려야 하며
특히 주제 색상의 비율이 과하면 안 된다.

기사는 2005년 출시한 콜라겐 크림 이후 이렇다 할 히트 상품을 내놓지 못했다는 점도 부진의 원인으로 꼽았지만, 과한 핑크색을 사용한 공주 마케팅의 한계는 여기저기서 지적되었다. 이 또한 주제 색상이 얼마나 중요한지를 알려주는 사례다. 한번 사람들의 머리에 각인된 주제 색상과 그로 인한 이미지는 매우 강렬해서, 다른 것으로 바꾸기가 쉽지 않다.

또 하나, 앞에서 말했듯이 주제 색상이 호감 있게, 지속적으로, 질리지 않게 전달되려면 비율이 중요하다. 에뛰드하우스의 매장을 살펴보면 흰색과 분홍색의 비율이 5:5에 달한다. 색상의 조화 면에서 실패한 것이다. 보조 색상은 빠진 채 기본 색상인 흰색과 주제 색상인 분홍색이 치열하게 점유율 다툼을 하고 있으니, 주제 색상을 5% 정도만 사용하는 다른 매장에 비해 쉽게 질리는 게 당연하다.

만약 분홍색 비율을 5%까지 줄이고, 주제 색상과 조화를 이루면서도 새롭게 구축하고자 하는 이미지에 부합하는 보조 색상을 찾아내어 활용했다면? 브랜드 이미지의 연속성을 유지하면서도 새로운 변신을 꾀할 수 있었을 것이다.

6. 3%의 희소성을 공략한 보라색

황순원의 소설 『소나기』에서 소녀는 소년에게 이렇게 말한다. "도라지꽃이 이렇게 예쁜 줄은 몰랐네. 난 보랏빛이 좋아!" 그리고 머지않아 소녀는 죽음을 맞이한다. 여기서 보랏빛은 죽음을 암시하는 색상이다. 이렇듯 흔히 보라색은 사람들에게 우울하고 불길한 색으로 인식되었다. 그래서 일반 대중들을 상대로 하는 마케팅에서는 그다지 선택받지 못하는 색상이 바로 보라색이다.

하지만 최근 들어 보라색이 재해석되기 시작했다. 이처럼 같은 색상이라도 시대에 따라서 다르게 받아들여질 수 있다. 5년여 전만 해도 보라색을 가장 좋아하는 사람은 전체 인구의 3%에 불과했다. 그러나 이러한 희소성이 타 기업과의 차별성을 중시하는 마케팅 분야에서 역으로 이용되기 시작했고, 컬러 마케팅의 주목을 한 몸에 받는 색이 되었다.

우아함과 고귀함을 대표하는 색상인 보라색은 액세서리, 귀금속, 속옷, 화장품 등의 업종에 적합하다. 고급스러움을 부각시키고 싶다면 보라색을 잘 활용하면 된다.

보라색은 고귀함과 신비로움을 상징해서, 고대부터 국왕이나 교황만이 보라색 의복을 입을 수 있었다. 자연에서 안료를 얻기 힘든 탓에 귀하고 비싸서 상류층만 접근 가능한 색상이기도 했다. 자연스레 보라색은 화려하고 기품 있는 색이라는 이미지를 얻었다.[8] 한편으로는 서로 상반되는 붉은색과 파란색의 혼합으로 탄생해 광기 어린 색이라는 이미지를 가지고 있기도 하다.

보라색은 주변에서 흔히 접할 수 있는 색이 아니기에 더욱 두드러져 보이고 특별하게 인식되며, 한 번 더 주의 깊게 살펴보도록 만

우아함과 고귀함을 대표하는 보라색은 액세서리, 귀금속, 속옷, 화장품 등의 업종에
적합하다. 고급스러움을 부각시키고 싶다면 보라색을 잘 활용하자.

드는 매력을 지녔다.

보라색을 보조 색상으로 쓰는 경우도 많다. 진보라색이 성숙한 여성미를 드러낸다면, 파스텔 느낌의 연보라색은 상큼한 소녀를 연상시킨다. 전 세계 소녀들을 사로잡는 인형 바비(Barbie)는 바비 핑크(Barbie Pink)라고 불리는 분홍색을 주제 색상으로 내세우고 있으며 그와 함께 연보라색을 보조 색상으로 쓰고 있다.

밝은 보라색은 건강과 치유의 색이기도 하다. 소설 『소나기』에서처럼 보라색은 죽음을 암시할 때가 많지만, 실제로는 스트레스와 질병 회복을 돕는 색이다. 몸속에 있는 '회복 기능을 가진 세포'가 보랏빛 자극을 받으면 활성화되어 상처 입은 세포를 복구하기 때문이다. 그래서인지 최근에는 카페 등에도 보라색을 많이 사용한다. 보라색은 중성적인 이미지를 지니고 있어 남녀 모두가 사용할 수 있는 공간이라는 느낌을 준다. 한편 요양 중인 사람이 보라색을 보면 즐겁게 느낀다고 하니, 건강식품 분야에서도 다양하게 응용해볼 수 있겠다. 이때도 기본 색상과 보조 색상과의 비율이 중요하다.

7. 검은색의 카리스마를 입은 샤넬

젊은 사람들은 나이 든 사람들에 비해 검은색을 좋아한다. 검은색에 대한 반응은 연령별로 크게 다른데, 젊은 사람들은 검정을 보

면 유행하는 옷, 값비싼 자동차를 떠올리고 늙은 사람들은 죽음을 생각하는 경향이 강하다.[9]

이탈리아의 패션 디자이너 지아니 베르사체(Gianni Versace)는 "검정은 단순함과 우아함의 정수"라고 말했다.[10] 그만큼 패션 피플의 핫 아이템에는 검정이 빠지지 않는다. 검정 원피스, 검정 외투는 사람과 배경 사이의 경계를 분명히 세우며 옷을 입은 사람에게 무게감과 의미를 부여한다. 게다가 검정 옷은 사람의 시선을 얼굴에 집중시키는 장점도 있다.

검은색 하면 떠오르는 대표적인 브랜드로는 샤넬을 들 수 있다. 샤넬은 검은색을 브랜드의 주제 색상으로 내세우며 자신들의 제품 퀄리티가 최고임을 표현했다. 샤넬의 검은색은 주로 흰색과 조화를 이루어 사용된다. 검은색이 더욱 빛나 보이도록 흰색을 쓰는 것이다.

특히 샤넬은 금색 체인을 단 퀼팅 재질의 검은색 가방을 주요 상품으로 내세우면서 검정이 가진 고급스러운 분위기를 더욱 확실하고 세련되게 연출했다. 이렇듯 주제 색상에 조화로움을 더하는 보조 색상을 찾아내면 브랜드의 완성도를 높일 수 있다.

미니멀리즘이 유행하면서 음식점이든 옷 가게든 인테리어에 검은색을 사용하는 곳이 늘고 있다. 하지만 검은색 공간은 흰색 공간보다 좁아 보이는 단점이 있고, 검은색을 전체 공간에 과도하게 사용할 경우 분위기를 무겁고 침울하게 만들 수 있다. 또한 가구나 소

검은색은 어떤 것과도 잘 어울린다는 점에서 매우 실용적이다.
같은 검정이어도 어떻게 쓰느냐에 따라 젊은 세대는 물론
나이 든 세대에도 어필할 수 있다. 같은 색도 비율이 매우 중요하다.

파에 검은색을 사용하면 딱딱하고 불편해 보인다. 이런 이유로 카페 등의 공간에 검은색 소파를 놓고 싶다면 그 위에 흰색이나 따뜻한 계열의 쿠션 등을 두어 부드러운 이미지로 보완해주는 것이 좋다. 검은색은 보조 색상으로도 많이 쓰인다. 그만큼 어디에 매칭해도 어색하지 않은, 굉장히 실용적인 색상이다.

8. 저렴함과 고급스러움 사이에 있는 흰색

흰색은 모든 업종에서 기본 색상으로 활용될 수 있다. 하지만 공간 전체에 흰색을 사용하면 긴장감을 증가시켜 고객이 편안함을 느낄 수 없다는 게 단점이다. 따라서 다른 유채색을 함께 사용해 본래 의도했던 효과가 제대로 발휘되도록 해주는 게 바람직하다.

한때 흰색을 많이 사용했던 제품으로는 스마트폰과 자동차 등을 들 수 있다. 그 이유는 흰색이 검은색과 함께 가장 질리지 않는 색상 중 하나이기 때문이다. 하지만 흰색은 색소가 없기 때문에 저렴하다는 이미지도 갖고 있다. 기본적으로 고가의 상품이면서도 일상에서 자주 쓰는 스마트폰과 자동차의 경우 흰색을 사용하면 깔끔한 이미지를 전달할 수 있다. 하지만 원래부터 저가인 종이컵, 일회용 수저, 우산, 리본 등의 상품에 흰색을 쓰면 저렴하다는 느낌이 더 강조된다.

이 흰색이 음식에 사용될 경우는 또 다르다. 하얀 음식은 귀하게

전통적으로 흰색을 많이 사용하는 제품은 스마트폰과
자동차 등이었다. 오래 써야 하는 제품이고,
흰색은 검은색과 함께 가장 질리지 않는 색상 중 하나이기 때문이다.

보인다. 갈색 설탕보다 흰색 설탕을 만들고, 누런 쌀의 껍질을 도정하여 흰쌀을 만드는 것이다. 최근에는 인위적으로 탈색한 백색의 먹거리들이 가공이 많이 되었다는 이유로 외면받기도 한다. 그런 점에서 색상이 지니고 있는 의미도 각 시대의 트렌드에 맞게 재해석되어야 한다.[11]

기본적으로 흰색은 신선함을 강조할 때 많이 쓰인다. 흰색과 파란색의 조합은 냉동제품과 차갑게 마시는 알코올음료에 쓰이는 전형적인 배합이다. 우유 포장지도 흰색과 파란색 조합을 많이 쓴다. 제품이 신선하다는 의미를 전달해주기 때문이다. 유사하게 건강하고 신선하다는 이미지를 주기 위해 흰색과 초록색 조합도 많이 쓴다.

9. 마음을 차분하게 해주는 갈색

다른 색상들과 조화를 잘 이루는 색상 중 갈색은 특별히 주목해야 하는 색이다. 갈색만큼 사람의 몸과 마음을 포근하게 만드는 색은 드물다. 갈색은 우리 주변에서 가장 빈번하고 흔하게 사용되지만, 싫증 난다거나 눈에 거슬리는 일은 거의 없다. 나무의 편안한 갈색, 흙의 부드러운 갈색, 여유를 느끼게 하는 커피의 갈색 등……. 이처럼 갈색은 우리 주변에서 쉽게 접할 수 있는 편안함과 긴밀히 연결되어 있는 색상이다.[12]

또한 갓 구운 빵, 초콜릿, 맥주, 간장 소스 등 갈색을 띤 음식이 많아서 사람들은 갈색을 보면 음식의 이미지를 많이 떠올린다. 특히 갈색은 '맛있게' 요리된 음식에서 자주 볼 수 있는 색으로 식욕을 돋우는 힘을 지니고 있다. 우리는 조리 중인 음식이 갈색으로 변할 때쯤이면 '음식이 맛있게 익어가고 있구나' 생각한다. 같은 커피일지라도 진한 갈색의 커피 캔을 본 사람은 맛을 매우 진하게, 노란색 커피 캔을 본 사람은 맛을 아주 싱겁게 느낀다고 한다. 이런 연유로 많은 카페에서 갈색을 사용한다.

갈색을 주제 색상으로 쓰면 좋은 업종은 카페, 베이커리, 한식당 등이다. 뿐만 아니라 깊이 생각하고 느긋하게 좋은 물건을 사고 싶어 하는 사람들을 끌어당기는 색이므로, 좋은 품질을 내세우고 싶다면 제품에 갈색을 사용하는 게 좋다.

연륜과 안정감, 풍요로움을 상징하고자 할 때도 갈색을 사용하면 좋다. 그러나 갈색은 가을의 낙엽과 같이 쇠퇴를 의미하기도 하니 주의해야 한다. 앞에서도 말했듯이 어떤 색과도 잘 어울리는 색상이기에, 보조 색상과의 어울림을 통해 생동감 넘치게 사용할 수 있도록 해보자.

지금까지 색상이 곧 브랜드로 연결되어 강하게 각인된 사례들을 살펴보았다. 하지만 브랜드에 맞지 않은 색상 선택으로 실패한 사례도 많다. 대표적인 예가 다음(daum)이다. 아마 다음 로고 색상을 바로 기억해낼 수 있는 사람은 많지 않을 것이다. 다음 로고에 쓰인

갈색은 맛있게 조리된 음식에서 자주 볼 수 있는 색으로
식욕을 돋우는 힘을 지니고 있다. 갈색을 주제 색상으로 쓰면 좋은 업종은
카페, 베이커리, 한식당 등이다.

여러 색상의 순서를 나열할 수 있는가? 정답은 파란색, 연두색, 노란색, 빨간색이다. 물론 색상으로만 브랜드를 인지시키는 것은 아니지만, 경쟁기업인 네이버가 더 빠르게 인지력을 쌓을 수 있었던 데는 주제 색상을 사용한 브랜딩 효과를 무시할 수 없다.

색상 대신 로고로 승부를 볼 수도 있다. 예를 들어 구글은 주요 색상이 없으며, 색상 대신 로고를 이미지로 강조하는 전략을 사용한다. 그러나 만약 구글이 주제 색상을 가지고 있었다면, 사람들의 기억에 훨씬 더 강렬하게 각인된 이미지를 만들어냈을 것이 분명하다. 이미지를 구성하는 것 중 기본적으로 사람들의 기억에 가장 빨리 침투하는 요소는 색상이다. 그 침투력을 높이기 위해서는 색상의 기본 성질에 대한 이해를 바탕으로 색의 조합과 비율을 신경 써야 한다.

이 책에서 소개한 색상의 이미지와 조합 등은 일반적인 차원에서 설명한 것이다. 다양한 조건 변화에 따라 미묘한 개성들이 발휘될 수 있다. 그 조합은 내 상품, 내 매장, 내 기업의 가치가 무엇인가를 깊이 생각해보면 충분히 찾아낼 수 있다.

중요한 건 색상은 글보다 빨리 전달되고, 어떻게 조합하느냐에 따라 더욱 다채로운 매력을 발산할 수 있다는 점이다. 색상을 단순히 개인의 취향 문제로 오해하기 쉽지만, 색상의 힘은 그보다 훨씬 더 강하며 색상들이 각각 전달하는 메시지 또한 분명하다. 이를 정확히 이해하고 색상을 쓴다면 의도했던 이미지를 더 잘 연출할 수 있다.

색에 대한 중요성은 점점 더 강조되고 있는데, 최근에는 좋은 색 조합을 알려주는 사이트도 많이 생겼다. 전문 디자이너가 아니더라도, 누구나 쉽게 접근할 수 있는 사이트들이다. 이런 다양한 도구들을 활용하여 고정관념이나 두려움은 벗고, 색상을 과감하게 섞고 조합해 자신에게 꼭 맞는 색상을 찾아보자. 이때 70 : 25 : 5의 배색 법칙을 꼭 기억하길 바란다.

색의 배열만으로
10배의 매출을

보는 것만으로도 욕구는 생겨난다

물건의 기능을 파는 동시에 물건의 매력도 함께 판다는 사실을 기억해야 한다. 그 매력을 가장 잘 전달할 수 있는 방법은 무엇일까. 분명한 건 색이 말보다 빠른 전달 수단이라는 것이다. 전하고 싶은 내용을 색으로 잘 표현한다면, 제품의 특징을 매우 효과적으로 전달할 수 있다.

시각이 없으면 맛도 못 느낀다

"이 음식 정말 맛있어 보여." "저 카페 별로인 것 같아."

먹어보지 않고, 들어가보지 않았는데도 흔히 보이는 반응들이다. 우리는 실제로 경험해보기도 전에 눈에 보이는 것만으로 그 내용을 먼저 평가한다. 생전 처음 보는 음식이어도 그런 판단은 할 수 있다. 우리가 새로운 시각 정보를 받아들이면, 이미 뇌에 저장되어 있던 어떤 인상이나 이미지가 그 음식에 대한 평가를 미리 해버리기 때문이다.

음식이든 어떤 물건이든 그것을 처음 접할 때 우리는 우선 시각으로 그 존재를 지각한다. 이때 과거의 기억과 비교하거나 새로운 경험을 형성하여 물건을 지각하는데, 이 과정 속에서 그 물건에 대한 특정한 감정을 품게 된다. 실제로 경험도 하기 전에 보는 것만으로 감정이 먼저 생기는 것이다. 이처럼 한 상품이나 브랜드에 대한 인상과 이미지는 일차적으로 시각에 달려 있다.

영국의 심리학자 해리 맥거크(Harry McGurk)와 존 맥도널드(John

MacDonald)는 시각이 청각보다 우선순위에 있다는 것을 증명하는 재미있는 실험을 진행했다. 그들은 실험 참가자 A에게 '나, 나, 나'라고 발음하게 하고 그 모습을 비디오로 찍었다. 그리고 그 영상에서 원래 음성을 지우고 '우, 우, 우'라는 음성을 대신 넣었다. 즉 시각적으로는 '나, 나, 나'인 영상에 '우, 우, 우'라는 음성을 덧씌운 것이다. 그리고 이 영상을 실험 참가자들에게 보여주면서 무슨 소리로 들리느냐고 물었다. 실험 참가자들은 혼란에 빠졌다. 입 모양은 '나'인데 소리는 '우'로 들렸기 때문이다.

결과는 어땠을까? '우'로 들린다고 대답하는 사람보다 '나'로 들린다고 대답하는 사람이 더 많았다. 또한 '다, 다, 다' '바, 바, 바' 등이 들린다고 전혀 엉뚱한 대답을 하는 경우도 있었다. 이것은 영상 속에서 '나'라고 발음하는 입술의 움직임에 속았기 때문이다. 이처럼 인간은 시각 정보와 청각 정보가 동시에 들어오면 시각 정보를 먼저 받아들이는 경향이 있는데, 심리학에서는 이를 '맥거크 효과(McGurk effect)'라고 일컫는다. 눈으로 보이는 것에 의해 듣는 소리가 달라질 정도로 우리는 시각을 통해 많은 것을 판단한다.[1]

청각 외에 다른 감각은 어떨까? 이를테면 미각 같은 것은 어떨까? 눈을 가리고 코를 막은 뒤 실제로는 양파를 주면서 사과라고 해보자. 그러고는 맛이 어떤지 물으면 보통 단맛이 난다고 답한다. 사실은 아무 맛도 못 느끼면서 말이다. 코를 막으면 단맛이든 매운맛이든 아무것도 느낄 수 없다. 그러니 시각과 후각을 차단하고 식사

사람들은 실제로 경험해보기도 전에 눈에 보이는 것만으로
그 맛을 먼저 평가한다. 시각의 힘이다.

를 하면 무엇을 먹고 있는지 거의 알 수가 없다. 사람들이 달다고 답하는 것은 과거 기억 속에 저장된 사과 맛을 떠올린 것에 불과하다. 눈을 가리고 코도 막은 뒤 오렌지주스와 사과주스를 번갈아 마시면 대부분 사람들은 그 차이를 느끼지 못한다. 코는 둔 채 눈만 가리고 맛을 보더라도 그 맛을 느끼는 정도는 훨씬 더 떨어진다.

이렇듯 인간을 비롯한 모든 동물은 시각, 청각, 후각 등 감각수용기관을 통해 다양한 정보를 받아들이고 그것이 무엇인지를 인지한다. 그 가운데에서도 우리 인간은 절대적으로 시각에 의존해 사물을 판단한다. 대상물이 무엇인지에 따라 각각의 감각기관이 활동하는 비율이 달라지지만, 일반적으로 80% 이상의 정보를 시각을 통해 받아들인다. 미각이 지배적일 거라 생각되는 음식마저 맛있어 보인다는 느낌을 눈으로 먼저 받아들임으로써 식욕이 자극된다. 그렇기 때문에 식당에서 음식을 내놓을 때도 그 음식과 가장 잘 어울리는 색상의 접시를 준비하는 게 굉장히 중요하다. 비단 음식에만 해당하는 이야기가 아니다. 어떤 공간을 설계하고 꾸밀 때에도 눈에 어떻게 보이는가가 가장 중요하다.

그럼 시각 중에서도 가장 먼저 인지되는 것은 무엇일까? 이미 이야기했듯이 이미지 중 가장 강한 인상을 남기는 요소는 색상이다. 앞에서는 주제 색상을 잘 활용한 이미지 전략과 색상을 조화롭게 배열하기 위해 지켜야 하는 비율, 몇몇 대표 색상의 기본 성질에 대해 살펴보았다. 여기서는 사람들이 보자마자 '좋다'고 느끼도록 색상을 배열하는 방법에 대해 알아보고자 한다.

지갑을 열게 하는 밝은색의 배열 :
마트 입구에 과일 매대가 있는 이유

전 세계 어느 마트에 가든 입구에는 대부분 과일 매대가 있다. 그 이유가 무엇일까? 다른 물건에 비해 과일이 사람들이 많이 소비하는 생필품이거나, 화제성이 있는 물건도 아닌데 말이다. 그 이유는 바로 과일의 색상 때문이다. 과일의 알록달록한 색상은 기분을 밝게 하고 발걸음을 가볍게 한다. 한마디로 쇼핑할 기분이 나게 분위기를 잡아준다.

색상과 관련된 이야기는 아니지만, 과일을 맨 앞쪽에 배열하는 데는 또 다른 이유가 있다. 과일은 고객들에게 계절의 변화를 알리는 역할을 한다. 봄에는 딸기, 여름에는 수박, 가을에는 홍시, 겨울에는 귤 등이 집중 배치된다. 바뀐 과일들을 보면 사람들은 시간의 변화를 느끼고, 그 변화의 에너지로 인해 무언가를 사야 할 것 같은 기분에 사로잡힌다. 계절이 바뀌면 새로 준비해야 할 일들도 있을 것 같고, 자신을 새로 가꾸어야 할 것 같은 마음도 생긴다.

예를 들어 마트 입구에 봄철 딸기가 한가득 있으면 원피스 매출이 동반 상승한다. 사람들은 딸기를 보면서 '봄이 왔구나! 봄나들이나 가볼까?' 하고 생각하고 원래 예정에 없었던 의류 매장을 들러 봄을 상징하는 의상인 원피스를 구매한다. 특히 붉은색인 딸기는 계절적 맥락을 강하게 발동시키는 과일 중 하나다. 외국 마트의 경우 입구에 꽃 가게를 많이 배치하는데, 이 역시 꽃의 화려한 색상이 고객들을 기분 좋게 만들어주고, 시즌을 알려주기 때문이다.

색상에는 기분 전환의 기능만 있는 게 아니다. 변화와 생동감이 느껴지게 색을 배치하면 인간은 더 활동적인 상태로 변하며 구매 욕구가 자극된다. 마트에 가면 대부분 과일 코너 다음에 농산물 코너가 나오고, 그다음은 수산, 정육 코너로 이어진다. 코너가 이동할 때마다 주요 색상이 노란색, 초록색, 파란색, 빨간색 등으로 알록달록하게 바뀐다. 이러한 색상 변화는 사람들을 기분 좋게 해서 기꺼이 쇼핑을 즐기도록 만들어준다.

사람들을 끌어당기는 공간을 만들 때 생동감 있는 색을 입구에 배치하는 것도 중요하지만, 이때 사용하는 색은 밝고 저항감이 없어야 한다. 그래야 밖의 사람들을 자연스럽게 안으로 끌어들여 구매를 이끌어낼 수 있다. 특히 빨간색, 노란색, 주황색 등이 섞여 있으면 더욱 좋은데, 밝은색을 본 소비자들은 가만히 서서 신중히 생각하기보다 기꺼이 쇼핑을 할 준비 태세를 갖추고 매장 안으로 들어가기가 쉽다. 기분이 밝아져서 행동 역시 가볍고 활동적이게 된다. 그러니 공간 입구에는 반드시 밝은색을 적극 활용하도록 하자.

입구의 과일 코너 혹은 꽃을 파는 코너는
고객들에게 계절의 변화를 고지하는 역할을 한다.
계절이 바뀌면 새로 준비해야 할 일들도 있을 것 같고,
자신을 새로 가꾸어야 할 것 같은 마음도 생긴다.

제품을 부각시키는 반대색의 배열 :
매출을 10배 이상 끌어올린 과일 가게

어느 과일 가게에서 있었던 일이다. 먹기 아까울 정도로 싱싱한 야채와 과일이 평범한 과일 박스 위에 진열되어 있었다. 그런데 팔리질 않았다. 자세히 보면 좋은 물건인 걸 알 수 있으나 지나가는 사람들이 그렇게 자세히 들여다보지 않는다는 것이었다. 만약 과일 가게 근처에 있는 꽃집에 들러 잎사귀를 몇 줄 사다가 사과 주변에 잎으로 테두리를 만들어주면 어떻게 될까? 붉은 사과는 보색 관계에 있는 초록색 테두리 덕분에 훨씬 더 싱싱하게 보이고, 사람들의 눈길을 단번에 사로잡을 것이다. 이 작은 변화만으로 사과는 금방 다 팔려나갈 수 있다.

유사한 사례를 하나 더 들어보겠다. 붉은 바구니에 붉은 홍시를 담아서 팔고 있었다. 멀리서 보는 사람들 눈에는 홍시가 눈에 잘 들어오지 않는다. 빠르게 스쳐 지나가는 사람들의 눈에는 홍시가 토마토로도 보일 수 있다. 그렇다면 홍시를 초록색 바구니에 담거나 혹은 그 아래에 초록색 포장지를 까는 게 어떨까? 당연히 그렇게 하는 것이 판매에 훨씬 효과적이다.

아래에 까는 포장지가 만약 봉투라면 실용적인 기능도 더할 수 있다. 고객이 "홍시 한 봉지 주세요"라고 하면 굳이 홍시를 봉투에 옮겨 담을 필요 없이 그대로 아래에 포장지처럼 깔린 봉투를 들어

건네주면 된다. 봉투에 옮겨 담는 과정에서 홍시가 터질까 조심할 필요도 사라진다. 약간 다른 이야기지만, 디자인에서는 실용적 목적이 매우 중요하다. 사람들이 '좋다'고 느끼는 것과 '예쁘다'고 느끼는 것은 다르다. 많은 사람들이 이 문제를 착각한다. 예쁘기만 하고 실용적인 면을 생각하지 않는 디자인은 도리어 사람들의 이목을 끌지 못한다.

이 두 이야기는 실제 사례다. 실제로 사과에 초록잎 테두리를 만들고, 홍시를 초록색 비닐에 위에 담아 진열하자 매출이 전보다 10배 이상 상승했다. 엄청난 효과가 아닐 수 없다. 더 큰 변화는 옆 가게들도 앞다퉈 보색 대비를 활용하기 시작했다는 점이다. 초록색 잎사귀와 비닐을 사용하는 것은 물론 아예 매대를 초록색으로 바꾸어 그 위에 붉은색 감을 파는 가게까지 생겼다. 경쟁에서 밀릴 것을 염려한 다른 가게는 스스로 아이디어를 내서 가게 앞에 감나무 모형을 두었다. 이런 일들이 계속되어 어떤 변화가 만들어졌을까? 시장 전체가 전보다 훨씬 더 활기를 띠게 되었으며, 시장을 찾아오는 사람들의 수도 늘어났다. 이처럼 색의 배열은 한 공간만이 아니라 넓은 공간으로 퍼져나갈 수 있고, 더 크고 장기적인 효과를 볼 수 있다.

만약 내 제품이 좀처럼 눈길을 끌지 못해 고민이라면 우선 보색 대비를 활용해보자. 비단 실제 제품만이 아니라 온라인 공간에 노출시키는 이미지에도 이 방법을 적극 활용할 수 있다. 인터넷 쇼핑

붉은 사과는 보색 관계에 있는 초록색 테두리를 두르면 훨씬 더 싱싱하게 보인다.
이런 보색의 배열은 사람들의 눈길을 단번에 사로잡는다. 이런 작은 변화만으로
분명한 매출 효과를 볼 수 있다.

몰 메인 화면에 붉은색 셔츠와 파란색 치마를 같이 놓는다면 사람들은 일단 호기심을 가지고 클릭하게 된다.

보색은 상대 색상을 방해하는 색이 아니다. 보색 관계의 색상은 서로를 보완한다. 각자를 더 또렷하게 인지시키면서, 서로의 색을 방해하지 않는 것이 보색 관계다. 보색 관계를 잘 사용하면 아주 생기 있는 느낌을 전달할 수 있다. 어떤 색이 보색 관계인지 알고 싶다면 색상환을 참고하면 된다. 색상환에서 서로 맞은편에 놓여 있는 두 색상이 보색이다. 예를 들면 파란색의 보색은 주황색, 빨간색의 보색은 청록색, 노란색의 보색은 남색이다.

대비 효과는 색상 외에 다른 것으로도 시도할 수 있다. 크고 작음, 남과 여, 곡선과 직선, 원과 다각형, 부드러운 면과 거친 면 등의 대비 역시 비슷한 효과를 줄 수 있다. 특정한 성질을 훨씬 더 뚜렷하게 부각시키고 싶다면 그것과 대비되는 요소를 곁에 두면 된다. 그러면 주제도 더욱 분명히 드러나며, 강렬한 인상을 남길 수 있다.

매력을 넘어 마력이 되는 컬러 마케팅 :
카드 회사의 파격

세상에는 수많은 색이 존재한다. 색상은 그 다채로움 자체를 충분히 잘 표현하면 매력을 넘어 마력을 지니게 된다. 컬러 마케팅의 색상환에서 서로 맞은편에 놓여 있는 두 색상이 보색이다.
보색 관계의 색상은 서로를 보완한다. 각자를 더 또렷하게 인지시키면서,
서로의 색을 방해하지 않는다. 때문에 보색 관계를 잘 사용하면
아주 생기 있는 느낌을 전달할 수 있다.

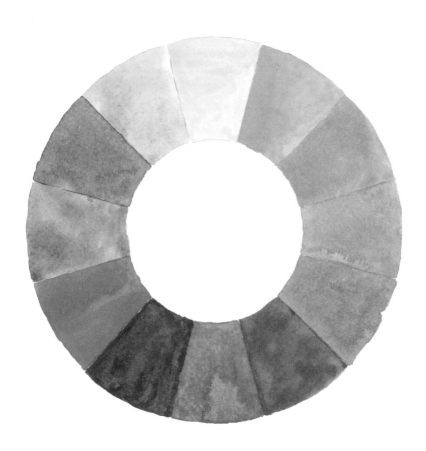

대표 주자인 '베네통(Benetton)'이 그런 브랜드 중 하나다. 베네통의 주제 색상은 초록색이지만, 베네통은 색상의 다채로움 자체를 과감하게 강조하여 화려하며 비현실적이며 세련된 이미지를 성공적으로 구축한 브랜드다. 베네통은 의류 업체니까 다양한 색을 사용하는 게 가능하지 않았겠냐고 말할 수도 있겠지만, 이 같은 전략은 의류 업종뿐만 아니라 다양한 산업에서 적용될 수 있다.

현대카드가 그 대표적인 예다. 이제는 다양한 색상의 신용카드들이 나오지만, 현대카드가 처음 검정, 빨강, 보라 세 가지 색상을 내세운 컬러 마케팅을 시도했을 때만 해도, 굉장히 파격적인 시도로 화제가 되었다. 그 전만 해도 신용카드 업계는 카드에 주제 색상 한 가지를 강조했다. 색을 분리해서 쓸 때도 남성용과 여성용 혹은 고급형과 일반형 같은 구분에 의해 색을 두세 가지 정도만 사용했다. 그런데 현대카드는 기존 관행을 깨고 색상 자체가 가지고 있는 이미지를 적극 활용했다. 초창기 현대카드의 컬러 시리즈를 살펴보자.

The Black 편
시간은 누구에게나 평등하지 않다
대한민국 0.019%에게만 허락된다
Time for the Black 처럼

0.019%와 검은색을 연결했다. 고급, 최고, 권위라는 상징적인 언

어를 색상과 연결해 효과적으로 이미지화했다.

The Red 편
무채색은 누구에게나 열려 있다
럭셔리는 거리에 흔해 빠진 말
중요한 건 HOT한가 아닌가라는 거
마치 Red처럼

컬러 마케팅 사례에서 빨간색은 자주 발견된다. 카피를 통해 상투적일 수 있는 붉은색의 흔한 느낌을 제거하고 감각적인 느낌으로 전달했다. HOT이란 단어와 빨간색이 잘 연결돼 역동적인 분위기를 만들어냈다.

The Purple 편
보라색은 아무에게나 허락된 색이 아니었다
보라색은 끊임없이 진화하는 힘을 가졌다
당신은 보라색을 감당할 수 있겠는가
Dare to be the Purple

'아무에게나 허락되지 않았다'는 말로 보라색이 가진 오묘한 느낌과 다가가기 쉽지 않은 분위기를 부각시켜 보라색을 오히려 더 매력적으로 느끼게 만들었다.

세 가지 색깔의 카드 광고 모두 소구력이 강했지만, 이 중에서 가장 주목해야 할 광고는 보라색 편이다. 현대카드는 세련됨을 주요 콘셉트로 내세우는 브랜드다. 그 세련됨을 충분히 전달하기에는 검정과 빨강만으로 부족하다. 현대카드는 세 번째 색상으로 보라를 선택했다. 보라색은 다루기 까다로우며 대중적인 색상이 아니다. 하지만 세련된 광고 영상과 콘셉트를 잘 살린 카피로 보라의 신비로운 분위기를 확실하게 살려냈다. 보라색을 우아하고 품격 있게 풀어나간 광고 영상을 보면 누구라도 보라색을 자신을 표현해주는 유니크한 컬러라고 느끼게 된다. 보라색을 감당할 수 있겠느냐는 대담한 카피에 소비자들은 자신도 모르게 "그래, 난 감당할 수 있어, 나니까"라고 답하게 되고, 카드를 소유하고 싶은 욕구를 갖게 된다.

이처럼 색상을 표현할 때 언어와 연결시키는 것이 굉장히 중요하다. 색상을 이미지화한 광고는 수없이 많이 찾아볼 수 있지만, 색상을 언어로 풀어낸 광고는 그렇게 많지 않다. 이처럼 색상과 딱 맞아떨어지는 언어는 얼음장같이 차가운 소비자의 마음을 녹게 만드는 효과가 있다.

현대카드 광고의 특징은 카드 기능에 대한 소개를 나열하는 대신 색상이 상징하는 바를 이야기하는 데 주력했다는 점이다. 컬러 마케팅의 마력을 최대한 끌어내어, 소비자에게 각 카드의 이미지를 강력하게 심어주는 데 성공했다. 현대카드는 왜 그런 전략을 선

컬러 마케팅은 여러 산업에서 다양하게 활용된다.
현대카드는 카드의 기능 대신 색상이 상징하는 바를 이야기하는 데 주력하여
소비자에게 프리미엄 이미지를 강력하게 심어주는 데 성공했다.

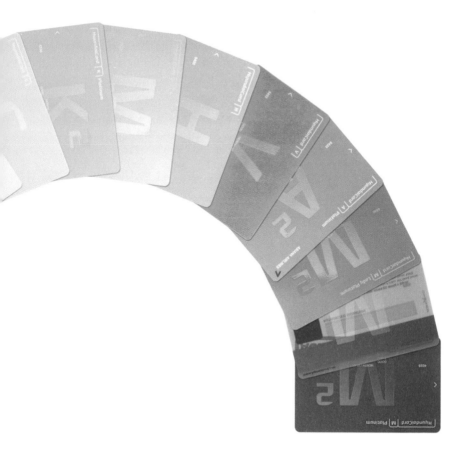

택했을까. 프리미엄 카드이므로 기능을 강조하기보다는 색상별로 각 카드의 콘셉트를 확실히 알리는 것이 더 중요하다고 판단한 것이다. 해당 카드를 소유한 고객이 더 특별하고 고귀한 존재로 보이도록 색상을 적극 활용했다. 고급형, 저렴형으로 나누는 기준을 없애고, 고객별로 맞춘 서비스를 색으로 강조했다. 이와 더불어 당시로서는 카드 옆면에 색상을 입힌 것도 획기적인 발상이었다. 카드의 앞면과 뒷면만 디자인하고 있던 업계에 엄청난 충격을 주었다고 해도 과언이 아니었다.

저렴하게 느껴질 수 있는 제품과 서비스에 고급화로 차별화를 시도하면서 컬러를 적극적으로 사용한 경우가 있다. 마켓컬리다. 마켓컬리는 '샛별 배송'이라는 시스템으로 충격을 주었지만, 대신 가격이 다소 비싸다는 단점이 있다. 마켓컬리는 주제 색상을 보라색으로 정했고, 이는 고객들에게 '온라인 장보기도 고급스럽게'라는 차별화된 욕구를 만족시켰다.

광고 영상에서도 보라색을 적극적으로 사용했다. 여기서 질문을 하나 해보자. 마켓컬리의 제품이 담겨 오는 박스는 무슨 색깔일까? 이렇게 물으면 대부분이 보라색이라고 답한다. 박스는 보통의 종이박스와 같은 황색이다. 그러나 사람들이 무의식 중에 보라색이라고 답을 하는 건, 그만큼 마켓컬리의 브랜드가 색상 이미지로 강력하게 각인되어 있다는 것을 뜻한다.

색의 강렬함은 없던 기억도 만든다. 보라색을 이용해 고급스러운 식재료 배송이라는
정체성을 만든 마켓컬리의 경우, 사람들은 대부분 마켓컬리의 박스가 보라색일 거라고
생각한다. 실제로는 보통의 종이박스에 로고만 쓰여 있을 뿐이다.

유행하는 색을 따라하기만 해도 트렌드를 좇아간다

컬러 마케팅이란 색상으로 소비자들의 구매욕을 자극하는 마케팅 기법으로, 1920년 파커(Parker) 사의 빨간색 만년필이 그 시초로 알려져 있다.[2] 맥도날드와 코카콜라의 빨간색, 티파니의 티파니 블루색, 파리바게뜨의 파란색 모두 성공적인 컬러 마케팅 사례다. 컬러 마케팅은 그 색깔과 브랜드의 이미지가 잘 맞아떨어지는 것이 매우 중요하다. 소비자들의 반응을 성공적으로 이끌어내기만 한다면 색상이 곧 브랜드의 정체성이 될 뿐만 아니라, 티파니 블루처럼 특정 색상에 기업의 이름이 들어가기까지 한다.

이처럼 색은 언어의 장벽을 뛰어넘어 즉각적인 반응을 일으키는 신호다. 이 신호는 저마다 다른 메시지를 전달하여 인간 심리에 고유한 감정을 불러일으킨다. 이를 가리켜 '컬러 커뮤니케이션'이라고 한다.[3] 컬러 커뮤니케이션이 잘되면 상품의 구매력이 상승하는 효과를 얻을 수 있다.

그렇다면 컬러에도 유행이 있을까? 분명한 건 똑같은 색이라도 시대에 따라 사람들이 갖는 호감도가 달라진다는 것이다. 그것을 어떻게 감지할 수 있을까? 가장 쉬운 방법은 최근 유행하는 상품, 빅히트를 친 상품의 색상을 유심히 관찰하는 것이다. 예를 들어 '허니버터칩'이 대유행했을 때를 떠올려보자. 그 전만 해도 감자칩은 짭짤한 맛의 과자라는 인식이 지배적이었는데 허니 버터칩은 그

통념을 깬 달달한 감자칩이었다. 그리고 포장지 색깔은 '벌꿀'을 상징하는 노란색이었다. 덕분에 사람들은 그와 비슷한 노란색 포장지만 봐도 맛있다고 생각하게 되었다. 당시에 식품업을 하고 있었다면 허니 버터칩과 유사한 노란색을 활용하는 게 좋은 전략이 될 수 있었을 것이다.

잘 팔리고 있는 상품, 사람들이 새롭다고 느끼는 상품의 색상들을 잘 관찰하면 색을 보는 안목을 키울 수 있다. 예를 들어 사람들이 예전보다 짙은 갈색의 빵을 더 선호하고, 자연스러운 베이지색 계통의 먹거리를 많이 찾는다고 하자. 이때 새롭게 카페를 오픈할 경우, 실내 장식에 비슷한 계열의 색상을 선택하면 사람들의 호감을 빠르게 얻을 수 있다.

유행이 빠른 시대에 자신의 이미지를 오래 각인시키기 위해서는 색상의 사용이 중요하다. 그렇지만 반대로 무언가를 특별하게 바꾸지 않고, 유행하는 색상을 따라가기만 해도 트렌디해 보이는 효과를 얻을 수 있다.

상품의 수준이 갈수록 상향평준화되고 있는 지금, 자기 상품의 가치를 시각적으로 전달하기 위한 경쟁도 점점 치열해진다. 제품 자체만 강조하는 것이 아니라, 마케팅, 광고 등의 영역에서 사람들과 어떻게 커뮤니케이션 하느냐가 매우 중요해진다.

이 커뮤니케이션의 방식 중에 색의 사용은 매우 효율적이다. 즉각적인 시각적 효과가 크기 때문에 고객과의 커뮤니케이션이 훨씬 더 쉽다. 그러니 내 제품이나 내 공간에 색채를 사용하는 전략을 적극적으로 시도해보자. 어렵게 생각하지 말고 다양한 소품들만 활용해도 된다. 여기서 제안하거나 사례로 제시한 것들을 하나씩 실행해보고 응용해보자. 작은 변화만으로 많은 것들을 좋아 보이게 만들 수 있다.

시간과 무게까지 움직이는 색의 배열

색상이 무언가를 또렷하게 인지시키거나 사람의 기분을 바꾸는 것 이상의 역할을 해내기도 한다. 때로 색상은 시간과 무게까지 다르게 느끼도록 만든다. 예식장이나 시상식에서는 보통 바닥에 빨간색 카펫을 깐다. 빨간색이 축하와 기념을 의미하는 이유도 있지만, 시간을 길게 느끼도록 하는 효과가 있기 때문이다. 실제로는 예식이나 행사가 짧게 진행되어도, 빨간색의 영향으로 시간을 꽤 들여 식을 충실히 치르고 있다는 인상을 준다. 이것 말고 또 어떤 효과가 있을까? 가게 손님의 회전율도 높아진다. 똑같이 한 시간을 앉아 있어도 더 길게 앉아 있었다는 생각이 들기 때문이다.

반대로 차가운 계통의 색상은 시간을 실제보다 짧게 느껴지게 한다. 차가운 색이 지배하는 공간에서는 '한 시간쯤 지났나?' 하고 시계를 쳐다보면 벌써 두 시간이 지나 있기도 하다. 이처럼 색상을 잘 활용하면 시간에 대한 감각까지 조정할 수 있다.

온도에 대한 감각도 색상의 영향을 받는다. 통계에 따르면 사람들은 파란색(44%), 흰색(23%), 은색(15%), 회색(11%) 순으로 차가움을 느낀다.[4] 굳이 통계를 보지 않고도 우리는 상식적으로 파란색을 가장 차가운 색으로 여긴다. 이는 추울 때 파랗게 변하는 피부와 입술, 얼음과 눈 등 우리의 경험에 근거한 통념이다. 파란색을 흰색보다 훨씬 더 차갑게 느끼는 이유는 흰색은 빛을, 파란색은 그늘을 의미하기 때문이다. 따라서 실내 인테리어에 파란색을 쓰면 아늑한 느낌이 들지 않는다. 공간이 개방되어 있는 인상을 주어 넓어 보이는 효과가 있지만, 텅 비어 보이고 차가운 기운이 밀려드는 듯한 느낌도 주므로 주의해야 한다.[5]

냉장식품이나 냉동식품 포장지의 대표적인 색상 조합은 파랑, 흰색, 은색이다. 앞에서도 말했듯 이 조합을 사용하는 대표적 사례가 우유 등의 유제품인데, 이러한 제품의 경우 신선도가 생명이므로 웬만하면 붉은색을 사용하지 않는다. 붉은색을 쓰면 유효기간이 한참 남았는데도 내용물이 왠지 변질되었을 것 같은 불안감을 주기 때문이다. 그러므로 서늘하고 신선하게 보관해야 하는 식품의 포장지는 파랑, 흰색, 은색 조합을 사용하는 것이 가장 이상적이다.

한편 무게감에 영향을 미치는 건 주로 명도다. 명도가 낮은 색은 무거워 보이고, 명도가 높은 색은 가벼워 보인다.[6] 그래서 집, 사무실 등을 인테리어 할 때는 주로 명도가 낮은 색을 아랫부분에, 명도가 높은 색을 윗부분에 칠한다. 무거운 것 위에 가벼운 것을 두어야 심리적으로 안정감을 느낄 수 있기 때문이다. 상품을 진열할 때도 마찬가지다. 비슷한 크기라면 밝은색을 위쪽으로, 어두운색을 아래쪽으로 진열해야 한다. 그래야 안정감이 있으며 물건을 고르는 사람들의 시선도 자연스럽게 위에서 아래로 이동할 수 있다. 이러한 배치는 소비자로 하여금 편안한 마음으로 물건을 고를 수 있도록 돕는다. 반대로 어두운색이 위쪽에 있으면 물건이 곧 아래로 떨어질 것 같은 불안감을 주므로 주의해야 한다.

가장 극적으로 무게감이 차이 나는 색은 명도가 10인 흰색과 명도가 0인 검은색인데, 흰색보다 검은색이 약 두 배 정도 더 무겁게 느껴진다. 같은 물건을 사고도 검은색 쇼핑백에 담으면 더 무겁게 느껴진다는 것이다. 그래서 넥타이나 액세서리처럼 부피는 작지만 고가의 물건일 경우 짙은 색상의 쇼핑백이나 선물 케이스를 사용한다. 물건을 구매한 사람이 '비싸게 주고 산 건데 왜 이렇게 가벼워?' 혹은 '이거 잘못 샀나?' 하는 생각을 하지 않도록 무거워 보이는 색상을 고른 것이다.

반대로 실제보다 더 가볍게 느껴지게 하고 싶다면 흰색을 사용하면 된다. 미국의 어느 기업에서 있었던 일이다. 그 기업에서는 상자를 운반하는 일이 많았는데, 직원들이 상자가 너무 무겁다고 불평하는 일이 잦았다. 그 이야기를 들은 사장은 운반 상자를 모두 흰색으로 칠했고, 그 뒤부터 직원들의 불평이 사라졌다. 흰색 상자가 같은 물건을 사고도 검은색 쇼핑백에 담으면 더 무겁게 느껴진다.
그래서 넥타이나 액세서리처럼 부피는 작지만 고가의 물건일 경우
짙은 색상의 쇼핑백이나 케이스를 사용한다.

어두운색 상자보다 훨씬 가볍게 느껴졌기 때문이다.

뿐만 아니라 피부도 색을 느낀다. 무슨 말이냐 하면, 색이 눈에 보이지 않을 때에도 우리는 색을 인지하고 있다는 뜻이다. 어떤 색의 속옷을 입었느냐에 따라 그날 기분이 달라지지 않는가. 남은 알아채지 못하지만, 붉은색 속옷과 파란색 속옷을 입은 날의 기분은 분명히 다르다. 사람들은 강렬한 색깔의 속옷을 입으면 그날 더 활동적이고 적극적이 되는 경향이 있다.

이런 색상의 힘은 실제 신체 기능에도 영향을 미친다. 왜 병원의 환자복은 대개 흰색일까? 먼저 흰색은 자율신경계를 활성화시켜 적당한 양의 땀이 나오도록 하고, 이로써 환자들의 체온 조절과 채내 노폐물 배출을 돕는다. 실제로 면역력을 높여주는 기능을 하는 것이다.

한편 식탁 위에 놓인 노랑, 주황, 빨강의 냅킨과 선명한 꽃의 색깔은 자율신경을 활성화시켜 공복감을 일으키고 소화 작용을 돕는다. 그래서 고급 레스토랑에 가면 어김없이 이런 색깔들이 테이블 위를 차지하고 있음을 볼 수 있다.

색상이 가지고 있는 온도를 이용하라

색이 가진 마력 중에서 온도에 대해 좀 더 살펴보자. 한국색채학회에서 200명의 남녀를 대상으로 한 가지 실험을 했다. 두 개의 대야에 한쪽에는 푸른색 물감을 풀고 한쪽에는 붉은색 물감을 푼 다음, 양쪽 다 물의 온도를 38℃로 맞추고 손을 집어넣게 했다. 실험자들에게 어느 쪽 물이 더 차갑게 느껴지는가를 물어보니 대부분 푸른색 쪽이 더 차갑다고 답했다. 몇 도나 더 차갑게 느껴지느냐는 물음에는 대부분 평균 3~4℃ 정도 더 차갑게 느껴진다고 했다. 만약 눈을 감고 실험에 임했다면 결과는 달랐을 것이다. 눈으로 보면서 색을 인식하고, 그 인식에 대한 반응이 생리적인 현상으로 나타나서 푸른색 물이 더 차갑게 느껴진 것이기 때문이다. 이처럼 색과 인간의 감각 사이에는 신비한 상관관계가 있다.

4℃ 차이가 얼마나 큰 차이인지 감이 잘 안 온다면, 목욕탕을 생각해보자. 38℃ 탕에 있다가 42℃ 탕에 들어가면 어떤가? 물이 엄청 뜨겁게 느껴지는 것은 물론이고, 10분만 앉아 있어도 몸 색깔이 빨갛게 변한다.

겨울철 모락모락 김이 피어오르는 찐빵을 보면 마음까지 푸근해진다. 찐빵은 따뜻할 때 호호 불면서 먹어야 제맛이다. 그런데 찐빵을 파란 접시에 담으면 어떨까? 갓 나온 따끈따끈한 찐빵인데도 따뜻하게 느껴지지 않을 것이다. 반면 생선은 붉은색 위에 진열하는 것보다 푸른색 위에 진열하는 것이 훨씬 싱싱해 보인다. 이처럼 내용물에 따라 어울리는 색상이 따로 있다. 색상의 배열도 신경 써야겠지만, 각각의 색상은 온도가 있고, 제품에 필요한 온도에 따라서

빛의 파장이 긴 빨간색, 주황색, 노란색 등은 태양과 불을 암시해
심리적으로 따뜻함을 느끼게 한다. 개인의 기호에 상관없이
따뜻한 계열의 색을 보면 실제로 몸이 따뜻해진다.

색상을 사용하면 효과적이다. 잘못된 색상을 쓰면 따뜻해 보여야 하는 것이 덜 따뜻해 보이고, 차가워 보여야 하는 것이 덜 차갑게 느껴질 수 있다.

따뜻함을 느끼게 하는 색은 빛의 파장이 긴 빨간색, 주황색, 노란색이다. 이런 색은 태양과 불을 암시하며 심리적으로 따뜻함을 느끼게 한다. 반면 빛의 파장이 짧은 파란색, 청록색, 청자색은 물, 하늘, 얼음 등을 암시하여 심리적으로 차가움을 느끼게 한다. 실제로 개인의 기호에 상관없이 따뜻한 계열의 색을 보면 몸이 따뜻해지고 차가운 계열의 색을 보면 몸이 차가워진다. 같은 공간이라 해도 색상에 따라 체감온도(Sensible Temperature)가 달라지는 것이다.

기계 부품을 생산하는 어느 공장의 직원들이 구내식당이 항상 춥다며 불만을 토로했다. 그래서 실내온도를 24℃까지 올렸는데도 여전히 춥다는 불만이 많았다. 이를 해결하기 위해 푸른색이었던 식당 벽면을 주황색으로 칠했더니 놀라운 변화가 일어났다. 실내온도가 24℃일 때 웃옷을 입고 식사를 하던 직원들이 실내온도를 21℃로 내렸는데도 덥다고 하는 것이었다. 결국 그 구내식당은 실내온도를 20℃까지 낮췄다. 색상을 바꿈으로써 에너지 절감 효과까지 얻게 된 것이다.

이처럼 붉은 계열 색상과 푸른 계열 색상은 체감온도에 상당히 큰 차이가 난다. 수치로 계산해보면 평균 3~4℃쯤 차이를 보이는 것으로 나타난다. 앞에서 사례로 든 공장에서는 색상의 힘을 믿고 생선은 붉은색 위에 진열하는 것보다 푸른색 위에 진열하는 것이 낫다.
물, 하늘, 얼음 등을 암시하는 차가운 계열의 색상이
생선을 훨씬 싱싱하게 보이도록 하기 때문이다.

회색 기계를 밝은 주황색으로 칠했다. 어떤 변화가 있었을까? 색상을 바꾸는 것만으로도 사기가 상승하고 사고율은 현저히 감소했다. 평소 우울해하던 종업원들이 콧노래까지 흥얼거리며 작업에 임하게 되었다. 정말 재미있는 사례가 아닐 수 없다.

색으로 인한 변화는 단순히 심리적인 차원에 머무르지 않는다. 흰색이나 밝은색은 복사열을 반사하고 검은색이나 어두운색은 복사열을 흡수한다. 열대지역에서 같은 크기의 흰색 배와 검은색 배를 띄우고 배의 실내온도를 측정한 결과, 흰색 배가 검은색 배보다 온도가 10℃ 이상 낮았다는 실험 결과도 있다.[7] 이런 이유로 냉장고는 주로 흰색 계통을 사용해 복사열을 외부로 방출한다. 미국 텍사스에서는 버스 지붕을 모두 흰색으로 칠하여 여름 실내온도를 10~15% 낮췄다는 사례가 있다. 당연히 여름철에 쓰는 양산도 흰색을 비롯 옅은 색을 쓸 때 훨씬 시원하다. 멋있어 보인다고 검은색 계열의 양산을 쓰고 다니다가는 열을 더 흡수해 피부에 나쁜 자극을 줄 수 있다.

색상이 다양한 상품을 취급하는 가게라면, 물건을 진열할 때도 색이 주는 온도 차이를 꼼꼼하게 신경 써야 한다. 이불 매장을 예로 들어보자. 소비자들은 겨울에는 따뜻한 이불을, 여름에는 시원한 이불을 주로 찾는다. 그런데 이불의 색상이 순서 없이 마구 섞여 있다면 어떨까? 소비자는 자신이 원하는 물건을 금방 찾지 못하고 돌아갈 것이다. 색상의 온도를 고려하지 않고 진열하면, 이불 제품 본

침구류처럼 우리 몸에 직접 닿는 상품이라는 특성상 따뜻한 이미지인가
혹은 시원한 이미지인가가 더 중요하다. 이불 매장에서 제품을
색상의 온도별로 진열을 바꾸면 고객이 안으로 들어오고 매출이 향상된다.

연의 가치를 제대로 전달할 기회도 잃게 된다.

이불을 색상의 온도별로, 즉 온도가 높은 순서대로 빨강 → 주황 → 노랑 → 초록 → 자주 → 검정 → 파랑 → 흰색 순으로 정리해보자. 겨울이라면 따뜻한 색상의 이불을 입구 쪽에 배치하고 여름이라면 그 반대로 배치한다. 그러면 고객은 훨씬 더 빨리 이불 가게 안으로 들어가고 싶어질 것이다. 특별히 이불을 살 생각이 없었어도 '아, 저 이불 참 따뜻해 보인다. 겨울인데 하나 장만해둘까?'라는 마음이 들게 되는 것이다.

특히 이불과 같이 우리 몸에 직접 닿는 상품의 경우, 그 특성상 따뜻한 이미지인가 혹은 시원한 이미지인가가 더 중요하다. 실제로 어느 이불 매장은 색상의 온도별로 진열을 바꾼 것만으로 매출이 크게 올랐다. 색상이 지닌 성질을 잘 활용하면 순식간에 매출이 달라지는 일을 경험할 수 있다.

아름다워지는 빛의 색온도
3500K

―――

어떤 곳이 사진 찍기의 명소가 되는가

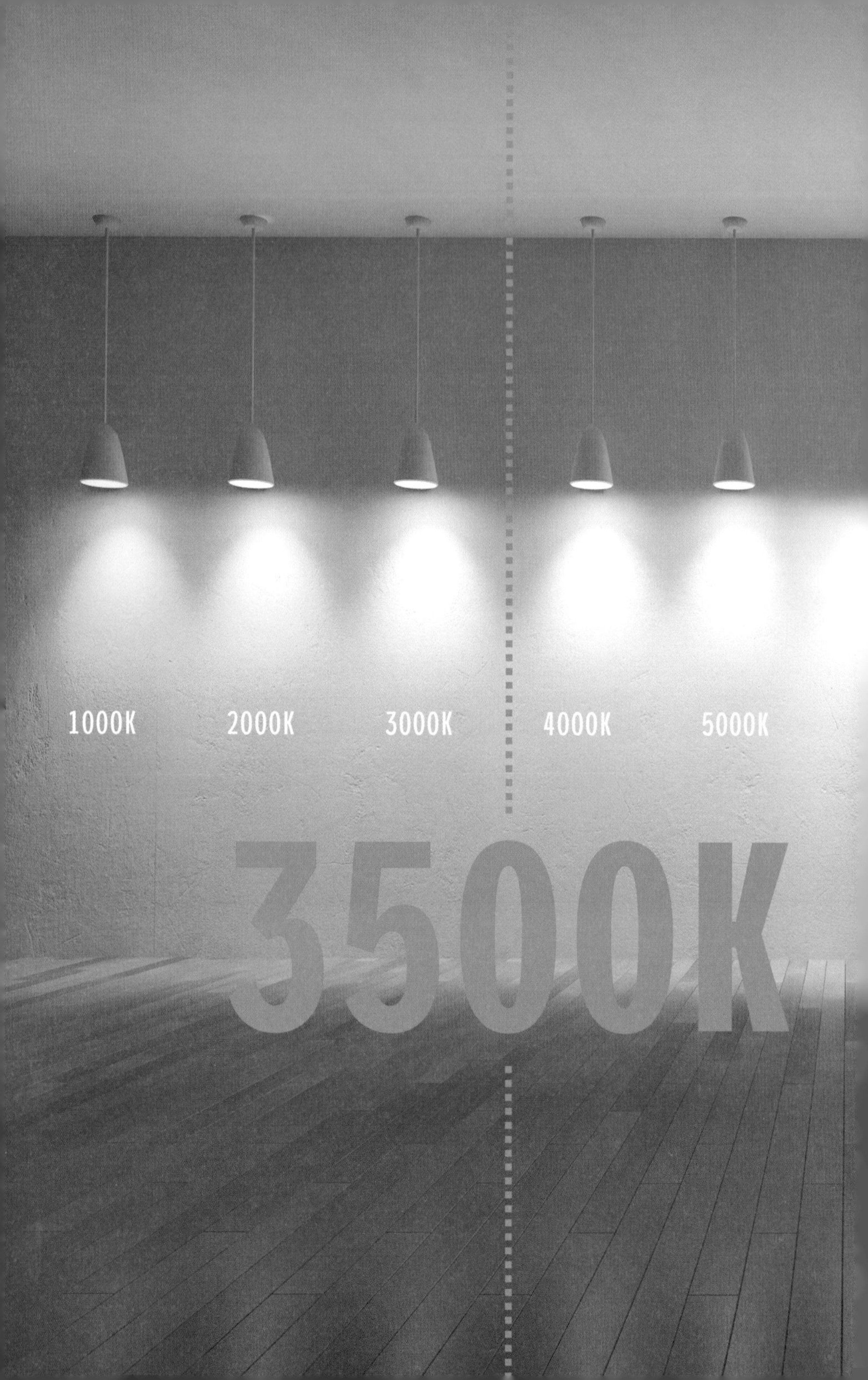
1000K
2000K
3000K
4000K
5000K
3500K

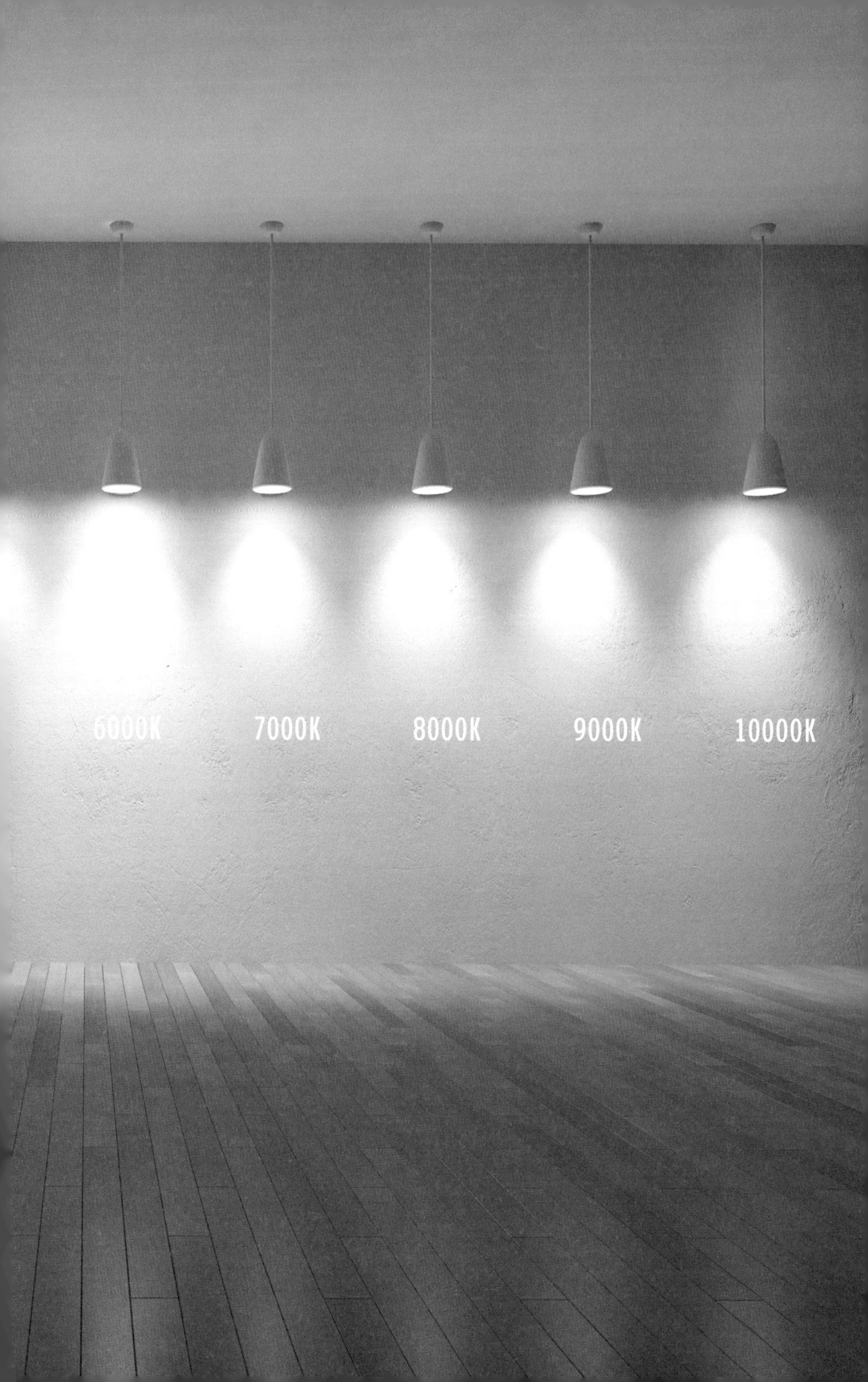
6000K
7000K
8000K
9000K
10000K

분명 똑같은 물건인데 왜 어떤 곳에서만 유독 더 좋아 보일까?
피부색마다 어울리는 옷 색깔이 따로 있듯이 물건에도 그에 딱 어울리는
빛이 있다. 어떤 빛 아래에 놓여 있느냐에 따라 같은 물건도 달라 보인다.
빛의 어떤 색과 어떤 온도가 사람의 마음을 움직이게 만들까.

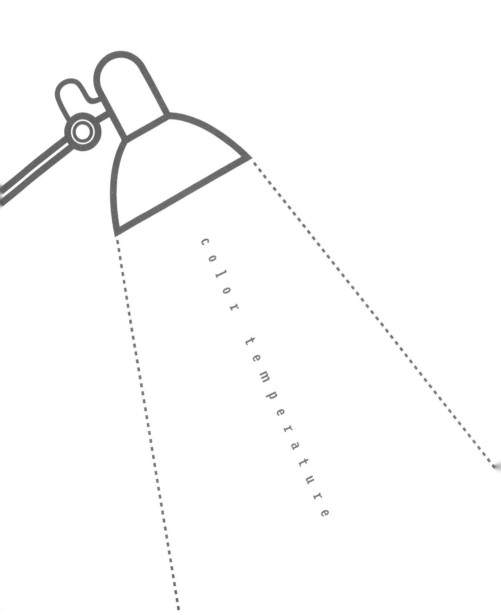

color temperature

과감한 빛의 선택이 데이트 명소를 만든다

서울 이태원의 한 골목에는 간판 없는 식당이 하나 있다. 이곳은 바로 장진우 대표가 운영하는 '그랑블루'다. 청년사업가로 널리 알려졌던 장 대표는 각각 콘셉트가 다른 식당 아홉 곳을 운영하면서, 거리 전체를 '핫플레이스'로 바꾼 전략을 성공시켜서 유명해졌다. 일명 '장진우 거리'를 채운 독특한 콘셉트의 식당들은 전국으로 늘어났고, 호텔과 창업 컨설팅 등까지 사업 영역을 확대했다. 자유롭고 개성 강한 사업가가 만든 곳답게 그랑블루 또한 독특함을 자랑한다.

그랑블루는 낡은 와인 창고처럼 내부가 어두컴컴하다. 도둑들의 소굴에 온 것 같은 느낌도 든다. 여기에는 기다랗고 큰 테이블 하나뿐이고, 그 위엔 드라큘라 백작이 사는 성처럼 촛불이 한가득 불을 밝히고 있다. 이곳을 방문하면 젊은 남녀들이 옆 사람과 어깨가 부딪힐 정도로 옹기종기 붙어 앉아 음식을 먹으며 이야기를 나누는 모습을 볼 수 있다. 마치 서로 예전부터 알고 지내던 사람들처럼 분위기가 자연스럽고 따뜻하다. 4인 테이블에 앉아 일행들끼리만 식사를 하는 일반 레스토랑과는 확연히 다른 모습이다. 이런 독특한 콘셉트의 식당을 어떻게 생각해냈을까? 장진우 대표는 이렇게 말했다.

"테이블에 초가 켜지면 비로소 파티가 시작됩니다. 별거 아닌 것 같지만 식탁 위에 둔 촛불과 꽃은 먹는 행위를 아주 로맨틱하고 낭만적으로 만들어주죠. 초의 불빛이 더해지면 똑같은 음식도 더 맛있게 느껴집니다."

낯선 사람들이 하나의 테이블에서 아무 거리낌 없이 함께 밥을 먹을 수 있도록 하는 힘도 바로 조명에 있다. 그랑블루는 촛불만을 조명으로 사용해 전반적으로 어두컴컴한데, 이 점이 오히려 모르는 사람들 간의 경계를 허물고 식당 전체의 분위기를 로맨틱하게 만들어준다.

그랑블루의 조명 밝기는 2000K 정도에 해당한다. 식당에서 2000K를 사용하는 건 매우 과한 일이다. 어두운 조명은 아늑한 느낌을 주긴 하지만, 음식이 잘 보여야 하는 식당에서 사용하기에 2000K는 상당히 어둡다. 빛을 그만큼 효과적으로 잘 써야만 하는 것이다.

알아보니 장진우 대표는 포토그래퍼 출신이었다. 사진을 찍으며 빛의 강약과 색온도를 자유자재로 이용하는 방법을 익혔기에, 드라마 같은 장면을 연출하는 탁월한 감각을 식당에도 적용할 수 있었던 것이다.

빛에 따라 사람을 흩어지게도 할 수 있고, 모여들게도 할 수 있다.
음식이 잘 보여야 하는 식당에서도 촛불 조명을 효과적으로 사용해
사람들에게 낭만적이고 친밀한 느낌을 줄 수도 있다.

"영화감독 우디 앨런이 제게 큰 영감을 줬어요. 그의 영상을 보면 따뜻하고 포근한 느낌의 노란 필터가 끼워져 있는 것 같습니다. 그런 느낌을 이 식당에 담아내고 싶었습니다."

음식은 입보다 눈으로 먼저 맛보는 것임을 감각적으로 아는 셈이다. 그래서 과감하게 촛불이라는 빛을 선택한 것이다. 그 결과 이 식당에는 연인에게 특별한 분위기를 선사하고 싶은 이들의 예약 행렬이 줄을 잇는다. 이곳에서 식사한 사람들은 저마다 따뜻하고 로맨틱한 추억을 간직하고 떠난다. 빛의 색온도 하나로 음식의 맛도 더욱 배가시키고 손님들에게 추억까지 선사할 수 있는 장소가 된 것이다.

똑같은 물건도 빛 온도에 따라 좋아 보이거나 나빠 보인다

우리는 빛을 통해서 사물을 본다. 똑같은 물건도 어떤 빛 아래에서 보느냐에 따라 느낌이 다르며, 심지어 완전히 다른 색으로 보이는 경우도 있다. 빛에도 온도가 있기 때문인데, 이를 색온도(color temperature) 혹은 빛 온도라고 한다.

조명이 노랗거나 하얗게 보이는 것이 바로 이 색온도 때문이다. 색온도가 낮으면 노랗거나 붉은색을 띄고, 색온도가 높으면 희고 푸른색을 띤다. 사진을 찍을 때 사진이 너무 파랗거나 하얗게 나오지 않도록 '화이트 밸런스'를 조정하는 것도 색온도를 맞추는 작업이다.

빛은 온도에 따라 색이 달라진다. 일상에서 우리는 다양한 빛 색깔을 경험한다. 밤거리를 걷다 주택의 화장실 창문에서 흘러나오는 백열전구의 붉은빛을 보면 따뜻하고 포근한 기분을, 골목에 켜져 있는 가로등을 보면 푸른 기운을 느낀다. 세상의 모든 빛은 색을 지니고 있으며, 이를 광색이라 부른다. 그리고 색온도는 광색을 구별하기 위해 고안된 개념이다.

색온도를 나타낼 때는 'K(Kelvin, 켈빈)'라는 단위를 사용한다. 사람들이 잘 의식하지는 못하지만, 우리는 해가 뜨고부터 질 때까지 켈빈의 변화 속에 놓여 있다. 아침부터 밤까지 우리가 접하는 빛은 시시각각 달라진다. 해가 떠 있는 위치에 따라 색온도는 계속 달라지는데, 동트는 시점의 색온도는 약 2200K로 촛불의 색온도와 비슷하다. 해가 뜨고 40분이 지나면 3000K 정도가 되는데, 이때의 노란빛이 도는 색온도가 우리를 깨워 일터와 학교로 가게끔 만든다. 해가 뜨고 두 시간이 지나면 색온도는 약 4000K쯤으로 백색과 온백색 형광등, 할로겐램프의 색온도와 비슷한 수준이 된다. 그러다 정오가 되면 5800K, 오후에는 7000K 이상이 된다. 물론 날씨에 따라 색온도는 달라진다. 오후의 하늘에 구름이 끼었다면 7000K, 맑다면 8000K 정도가 된다. 유난히 맑은 날에는 1만K 이상으로 오른다.[1] 그러니 자연광과 똑같을 수는 없겠지만, 비슷한 색온도를 가

사람들이 마음 편하게 차를 마시며 이야기를 나눌 수 있는 카페의 색온도는
보통 2500~3000K 정도다. 사람들은 카페에서 긴장을 풀고
편안함을 느끼고 싶어 하기 때문에 너무 하얗고 푸른빛은 적절하지 않다.

진 인공조명을 사용하면 하루 중 어떤 때와 유사한 분위기를 연출할 수 있다.

각각의 색온도에 따라 사람들의 감정과 행동이 달라진다. 예를 들어 사람들이 마음 편하게 차를 마시며 이야기를 나눌 수 있는 카페의 색온도는 보통 2500~3000K 정도다. 사람들은 카페에서 긴장을 풀고 편안함을 느끼고 싶어 하기 때문에 너무 하얗거나 푸른빛은 적절하지 않다. 책을 읽거나 노트북으로 작업하는 손님들을 위해 스탠드를 따로 두거나 그 부분에만 밝은 조명을 쓰는 것도 좋은 방법이다. 만약 그랑블루처럼 드라마틱한 공간 연출을 시도해보고 싶다면 빛의 색온도를 과감하게 2000K쯤으로 내려볼 수도 있다. 그렇다면 어떤 사물이나 사람을 '좋아 보이게' 할 때 잘 어울리는 빛이 따로 있을까?

미인으로 만들어주는 3500K의 비밀

보통 백화점 1층에 위치한 화장품 매장에 가보면 각 브랜드마다 거울이 여럿 놓여 있는 것을 볼 수 있다. 그 거울에 당신의 모습을 비추어본 적이 있는가? 거울에 비친 당신의 모습은 어땠는가? 아마 평소보다 피부가 훨씬 밝고 깨끗하게 보였을 것이다. 백화점에 갔다고 갑자기 피부가 좋아졌을 리 없다. 그 이유는 바로 화장품 매장에 사용된 조명의 색온도에 있다. 그 조명이 당신을 예뻐 보이도록 만든 것이다. 많은 여성들이 무의식적으로 화장품 매장의 테이블 위에 놓인 거울을 보며 자신의 외모를 확인한다. 그럴 때 자신이 더 아름다워 보인다면 어떤 일이 벌어질까? 자신의 미모를 보고 자신감이 상승해 쇼핑을 더 많이 하게 된다.

만약 화장품 매장에 한낮 뙤약볕같이 밝고 하얀 조명을 사용한다면 어떻게 될까? 피부의 미세한 트러블까지 도드라져 보일 것이다. 거울에 비친 자기 얼굴이 아름다워 보이지 않으면 화장품을 사기가 망설여질 테고, 결과적으로 쇼핑에 대한 욕구도 사라지고 말 것이다.

그렇다면 어떤 색온도를 써야 사람들의 마음을 사로잡을 수 있을까? 우리 눈에 가장 아름답게 보이는 색온도는 일출 뒤 한 시간 후의 색온도, 즉 3500K이다. 어떤 빛깔인지 감이 잘 안 온다면, 호텔 화장실에서 볼 수 있는 약간 노란빛을 떠올리면 된다. 호텔 화장실에서 왠지 셀카를 찍고 싶다고 생각한 적이 있을 것이다. 실제로 SNS에 올라오는 사진들을 보면 호텔 화장실에서 찍은 사진들이 꽤 된다. 왜 유독 그곳에서 셀카가 찍고 싶을까? 그건 화장실에서 사용하는 빛의 색온도 때문이다.

굳이 호텔이 아니더라도, 대부분의 화장실 조명은 기본적으로 노란빛이다. 왜냐하면 노란빛은 긴장감을 풀어주기 때문이다. 백색 형광등이 켜져 있으면 아무리 따뜻한 물로 샤워를 오래 해도 피

왜 유독 호텔 화장실에서 셀카가 찍고 싶을까?
화장실에서 사용하는 빛의 색온도 때문이다.

로가 쉽사리 풀리지 않는다. 형광등이 내뿜는 흰색 빛이 사람을 긴장시키고 딱딱하게 만들기 때문이다. 사람을 긴장시키니 배변 활동 또한 편하게 될 리 없다. 우리 세포의 긴장을 풀어주고 마음을 편하게 해주는 빛은 자연광과 가장 비슷한 파장을 가진 노란빛이며, 이를 수치로 표현한 것이 3500K이다.

손님이 자꾸 줄어 걱정이라는 마사지숍이 있었다. 직접 그 가게에 가보니 문제가 무엇인지 바로 알 수 있었다. 파우더룸에 앉아 거울을 보니 마사지를 받기 전보다 피부가 더 지저분하고 못나 보이는 게 아닌가. 고개를 들어 천장을 바라보니, 거기엔 푸른빛이 도는 백색 형광등이 켜져 있었다.

백색 형광등은 한낮의 색온도인 5500K쯤 되는 빛을 내뿜는데, 이런 빛 아래에서는 여드름 자국이며 미세한 잔주름까지 선명하게 보인다. 피부가 좋아 보이는 백화점 화장품 매장과 판이하게 다른 조명을 쓰고 있었던 것이다. 해결책은 간단하다. 당장 파우더룸의 조명을 바꾸면 된다. 푸른빛이 도는 형광등 대신 노란빛이 도는 삼파장 램프로 교체해 파우더룸의 색온도를 3500K 정도로 은은하게 유지했다. 어떤 변화가 일어났을까? 일주일 뒤 회원 재가입률이 50% 이상 늘었다.

빛이 얼마나 중요하냐면, 심지어 물건이 무엇인가보다 그것을 비추는 빛이 더 중요하다고 말해도 과언이 아니다. 특히 화장품, 액세서리, 패션, 마사지 등 고객이 자기 모습을 거울로 확인해보는 매장에서는 거울 앞 조명의 색온도를 매우 세심하게 배려해야 한다. 아무 생각 없이 설치한 푸른빛의 형광등은 사람을 내쫓을 확률이 크다. 반대로 3500K의 색온도는 얼굴이 아름다워 보이는 마법을 부린다. 그 빛 아래서 고운 피부결과 생기 도는 얼굴을 보며 사람들은 한결 기분이 좋아진다. 그 이유가 빛 때문이라 생각하지 않고 자신이 바른 화장품, 받은 서비스, 자신이 착용한 귀걸이, 모자, 옷 때문에 더 아름다워졌다고 생각할 것이다.

셀카를 부르면 매출이 20% 오른다

백화점의 화장품 매장이나 호텔 화장실의 거울처럼 얼굴을 아름다워 보이게 하는 빛의 마법은 사진 기술에도 널리 활용된다. 요즘처럼 디지털 사진편집 기술이 발달한 시대에 빛의 색온도를 맞추는 일은 쉽고 간단하다.

인스타그램의 성공 비결에 대한 많은 이야기가 있지만, 가장 확실한 건 '인스타그램 사진 속 나는 예쁘다'이다. 인스타그램은 2010년에 서비스를 시작한 지 4년 만에 월간 활동 사용자 수가 3억 명을 돌파하며 트위터의 2억 8400만 명을 앞질렀는데, 페이스북, 트위터 등 이미 존재했던 SNS 시장 지배자들의 틈새에서 사진 기능을 특화해 확실한 자기만의 사용자를 확보했다. 이는 '더 예쁘게 보이고 싶다'는 사용자들의 요구를 충족시켰기에 가능한 일이었다.

인스타그램은 밝고 명랑한 분위기부터 모노톤의 차분한 분위기까지 다채로운 사진 연출이 가능하다. 평범한 사진을 드라마틱하게 만드는 연출의 비밀은 사진 필터에 있다. 필터는 찍은 사진의 밝기, 채도, 색온도, 대비, 선명도 등을 조절해주는 프리셋(preset)인데, 인스타그램에는 40개가 넘는 필터가 있어 취향대로 선택이 가능하다. 그 필터가 사람들이 먹은 음식을 더 맛있게 보이게 하고, 얼굴을 더 예뻐 보이게 하고, 풍경의 분위기를 더 근사해 보이도록 만든다.

인스타그램에서 밝힌 바에 따르면 전체 이용자의 95%가 필터 기능을 사용한다. 오직 사진에 예쁜 필터를 적용하기 위해 인스타그램을 이용하는 이용자도 많다. 그중에서도 한국 사람들이 가장 선호하는 필터는 노란빛과 살굿빛이 도는 발렌시아(Valencia), 아마로(Amaro), 라이즈(Rise), 메이페어(Mayfair), 허드슨(Hudson) 등이다.[2] 이 필터만 있으면 굳이 조명 좋은 호텔 화장실을 찾아다닐 필요가 없는 것이다. 이 인스타그램의 필터가 바로 색온도의 힘이다. 사람들은 색온노가 무엇인지 모르지만, 저도 모르게 더욱 아름다워 보이게 해주는 색온도의 힘에 이끌려 인스타그램 필터를 이용한다.

갤러리아백화점이 식품관 '고메이494'를 론칭할 때도 색온도의 활용이 돋보였다. 고메이494는 셀카 촬영을 좋아하는 여성들의 심리를 파악하여 매출 상승을 이끌어냈다. 이 식품관은 전국의 유명한 맛집들을 모아둔 콘셉트인데, 식사하는 공간과 식재료를 쇼핑하는 공간이 구분되지 않은 것이 특징이다. 고메이494는 설계 단계에서부터 조명을 세심하게 준비했다. 조명 담당자가 직접 셀카를 찍어가며 얼굴이 가장 예쁘게 보이는 색온도를 찾아냈다고 하니 '셀카 명소'가 될 수밖에 없었다. 그 결과 고메이494는 다른 어떤 백화점 식품관보다 각종 SNS에 더 많이 포스팅되었고, 매출도 오픈 후 2년 동안 연평균 20% 이상 성장했다.[3]

사과와 포도에는 각기 다른 색온도가 필요하다

사례를 하나 더 들어보자. 비누를 파는 매장과 젤리를 파는 매장이 있다. 비누를 파는 매장의 조명은 노란빛이 돌고, 달콤한 젤리를 파는 매장의 조명은 푸른빛이 돈다. 둘 중 한 군데는 조명의 빛을 잘 사용했고, 다른 한 군데는 잘못 사용했다. 빛을 잘 사용한 것은 비누 매장일까, 젤리 매장일까?

빛을 잘 사용한 곳은 비누 매장이고, 잘못 사용한 곳은 젤리 매장이다. 젤리 매장에 푸른빛을 쓰면 젤리가 달달하게 느껴지지 않는다. 문밖에서 언뜻 보기만 해도 단맛이 느껴지지 않는데 굳이 매장 안으로 들어가 젤리를 살 고객이 있을까? 달콤한 제품을 팔고 있다면, 눈으로 보기만 해도 달콤함이 느껴지도록 빛의 색온도를 조정

조명을 어떻게 사용하느냐에 따라 달콤한 젤리가 맛있게 느껴지기도 하고,
몸을 씻는 비누도 신선한 야채처럼 보일 수도 있다.
상품의 성질과 브랜드의 철학에 맞게 빛을 사용하자.

해야 한다.

두 경우 모두 실제로 있는 기업의 매장이다. 빛을 잘 사용한 비누 매장은 전 세계에 체인점을 둔 영국의 핸드메이드 화장품 브랜드 러쉬(LUSH)다. 러쉬는 '신선한 핸드메이드(Fresh Handmade)'라는 핵심 가치 아래, 원료 수확, 제조, 유통, 포장 등 모든 과정에 이 핵심 가치를 일관되게 적용하고 있다. 러쉬의 창업 멤버들은 초창기에 슈퍼마켓에서 오렌지, 레몬, 계피 등의 재료를 구입해 비누와 화장품을 만들었으며 지금까지도 핸드메이드 방식을 고수한다. 그래서 그들은 제품을 제조하는 것을 요리에 비유하며 제품을 제조하는 공장을 '키친'이라 부른다.

피부에 직접 닿는 화장품은 먹는 음식만큼이나 깨끗하고 신선해야 한다는 러쉬의 철학은 매장 인테리어에도 그대로 구현되어 있다. 갓 따온 듯 싱싱한 야채들이 진열된 키친 테이블 위에 핸드메이드 비누와 화장품을 놓는 방식으로, 화장품이 마치 음식처럼 싱싱하고 먹음직스럽게 보인다. 매장을 비추는 따뜻한 노란빛은 가정집 부엌을 연상시킨다. 이처럼 공장에서 찍어낸 공산품이 아니라 한 사람 한 사람이 직접 만든 제품이라는 점이 공간에서부터 잘 드러난다. 브랜드의 철학을 소비자가 쉽게 인지하고 알 수 있도록 만든 러쉬야말로 좋아 보이는 것의 비밀을 잘 알고 있는 브랜드다. 무조건 노란빛을 사용해야 잘한다는 게 아니다. 자신의 브랜드가 지닌 철학이 무엇인가를 깊이 고민한 후에 이를 제대로 전달할 수 있는 빛의 색온도를 정하라는 것이다.

어느 시장에 갔을 때의 일이다. 한 과일 가게가 눈에 띄었다. 수많은 곳 중 유독 그 가게에 눈이 가는 이유가 무얼까 궁금해 가까이 다가가 보았다. 그 가게는 다른 과일들 위에는 노란빛이 도는 3500K쯤의 불을 켜놓고, 오직 포도에만 흰빛이 도는 5000K의 형광등을 켜놓고 있었다. 붉은색과 노란색을 띠는 대부분의 과일들과는 달리 포도에는 노란빛을 쓰면 안 된다. 갓 딴 포도는 열매 주변에 흰빛이 돌기 때문에, 흰빛을 비추어야 더 싱싱하게 보인다. 과일마다 어울리는 색온도가 따로 있음을 그 가게의 사장은 경험적으로 알고 있었던 것이다. 매출이 다른 곳과 비교해 어떤지는 물어보지 않아도 알 만했다. 즉 모든 제품에 똑같이 노란빛을 쓴다고 다 좋아 보이는 게 아니다. 제품의 색깔, 그리고 그 제품이 소비자에게 어떻게 보여야 하는지를 고려해서 색온도를 써야 한다.

공간의 특성에 맞게 각기 다른 빛으로 변신하라

빛의 색온도가 인간의 감정에 큰 영향을 미친다는 사실은 이미 널리 알려져 있다. 연극 무대에서도 희극은 노란색 필터, 비극은 푸른색 필터로 색온도를 조절하는데, 이것 역시 빛의 색온도가 인간 심리에 미치는 영향을 고려한 것이다.[4]

빛의 색온도는 인간의 감정뿐만 아니라 생체리듬에도 큰 영향을 미친다. 2014년 국민대학교 도영락 교수를 비롯한 연구진은 생체리듬의 교란을 최소화하는 발광다이오드 광원을 개발하는 데 성공했다. 빛의 색온도를 자연광의 흐름에 맞게 조절하면 어긋나 있던 생체리듬을 바로잡을 수 있고, 이를 통해 우울증, 월요병 등을 극복할 수 있다는 것이다.[5]

월요병을 이길 수 있다는 '기상 조명' 역시 인간의 생체리듬을 고려해 개발된 제품이다. 매일 아침 시끄러운 알람 소리를 들으며 잠에서 깨면 불쾌한 기분으로 하루를 시작하게 된다. 기상 조명은 그런 알람 소리 대신 특정 시간에 가장 적합한 빛의 색온도를 적용해 자연스럽게 잠에서 깨어날 수 있게 도와준다. 또한 맑은 날 자연 채광을 그대로 재현한 '에너지 업(Up) 조명'은 빛이 잘 들지 않는 곳에서 오래 생활하는 사람들이 스스로 생체리듬을 조절해 활력을 얻을 수 있도록 돕는다. 반대로 불면증에 시달리는 사람이라면 잠들기 한두 시간 전 검붉은 조명 아래에 있는 게 도움이 된다.[6]

이처럼 빛의 색온도가 인간의 감정과 생체리듬에 영향을 미친다는 점을 이해하고 나면, 제품을 판매하는 공간뿐만 아니라 일상에서도 함부로 조명을 써서는 안 되겠다는 생각이 들 것이다. 예를 들어 푸른빛이 도는 차가운 형광등 아래에서 식사를 하면 심리적, 생리적으로 불안해진다. 자율신경계를 둔화시켜 공복감이 느껴지지 않게 하고 소화도 부진하게 한다. 반대로 주황색 빛은 인간의 자율

신경계를 자극하고 공복감을 환기시켜 소화 작용 올 돕는다. 많은 베이커리 매장이 노란빛이 도는 색온도를 쓰는 것도 이런 이유 때문이다.

그렇다면 공간마다 적합한 빛의 색온도는 얼마일까? 몇몇 대표적인 공간들을 짚어보자. 많은 사람들이 모여 강사의 말에 집중해야 하는 강의실은 색온도를 보통 5000~6000K 정도로 설정한다. 사람을 긴장시키고 집중하게 만들기 위해서다. 긴장이 풀리는 3000K의 빛 아래에서는 사람들이 강사의 말에 좀처럼 집중하기 힘들다. 실제로 어느 기업 강연을 갔을 때 강연 장소가 예식장 홀이었는데, 그곳의 색온도가 3000~3500K였다. 강연이 이어지는 두 시간 동안 집중력을 유지하는 사람은 아무도 없었고, 당연히 강연은 평소보다 두 배는 더 힘들었다. 다른 기업과 똑같은 내용의 강의를 진행했음에도 불구하고 애를 먹었던 건, 강의 공간이 주는 영향도 컸을 것이다.

이 경우처럼 동일한 공간에서 여러 종류의 행사를 진행하는 경우에는 색온도를 다양하게 조절할 수 있는 기능이 필수적이다. 어떨 때는 예식장으로, 어떨 때는 강연장으로 쓰이는 호텔의 홀 같은 곳은 경우에 따라 조명을 다르게 쓸 수 있도록 해야 한다. 강의 중에는 5000K 정도로 밝게, 예식을 하거나 식사를 할 때는 3000K 정도로 부드럽게 색온도를 조절할 수 있도록 해야 한다.

한편 마트는 6000K 정도 되는 밝고 환한 흰빛을 사용한다. 사람들을 빨리 움직이게 하고 활기차게 쇼핑할 수 있도록 하기 위해서

많은 사람들이 모여 강사의 말에 집중해야 하는 강의실은
색온도를 보통 5000~6000K 정도로 설정한다.
사람을 긴장시키고 집중하게 만들기 위해서다.

가정집 거실의 경우 색온도를 4000K 정도로 낮추는 것이 좋다.
4000K는 해가 뜬 후 두 시간 뒤쯤의 온도다. 사람들이 일하러 나가고
가장 활발하게 움직이는 시간대의 색온도이기도 해서 활기찬 느낌까지 줄 수 있다.

다. 외국인 관광객들이 주요 고객인 서울 명동의 중저가 화장품 매장도 6000K 조명을 쓴다. 관광객들은 시간 절약을 위해 쇼핑을 빨리 하길 원하고, 사야 할 물건들도 미리 정해져 있는 경우가 많다. 그렇게 목적성이 강한 고객들이 제품을 빠르고 정확하게 고를 수 있도록 밝은 조명을 쓰는 것이다. 반대로 고객이 오래 머물면서 쇼핑하는 백화점이나 명품관에서는 6000K 조명을 사용하지 않는다. 너무 높은 색온도는 사람을 쉽게 피로하게 만들기 때문이다. 특별히 6000K를 사용하면 안 되는 공간이 있다. 불평불만을 토로하러 온 고객들을 맞이하는 데스크다. 높은 색온도가 그들의 신경을 더 날카롭게 할 수 있다. 그러니 오랫동안 앉아서 상담하는 공간이거나 불만을 접수하러 온 고객들이 머무는 공간에는 마음을 안정시키는 3000K 정도의 낮은 색온도를 쓰는 게 좋다.

각 나라마다 가정에서 사용하는 빛의 색온도도 다소 다르다. 우리나라 대부분 가정집에서는 천장의 밝고 환한 빛이 전체를 비추고 있다. 외국에 갔을 때 집 안이 다소 어둡다고 느끼는 것은, 평소에 그만큼 환한 빛에 노출되어 있기 때문이다. 휴식을 취해야 하는 집에서조차 우리는 수직으로 떨어지는 형광등 빛에 과하게 노출되어 있다. 5000~6000K쯤의 밝은 형광등은 사람을 끊임없이 긴장하게 만든다. 다시 말해 우리의 집은 사무실이나 강의실과 별다를 것 없는 공간인 셈이다.

가정집 거실의 경우 색온도를 4000K 정도로 낮추는 것이 좋다.

4000K는 해가 뜬 후 두 시간 뒤쯤의 온도다. 사람들이 일하러 나가고 가장 활발하게 움직이는 시간대의 색온도이기도 해서 활기찬 느낌까지 줄 수 있다. 일상생활을 하는 데 무리가 없을 정도로 충분히 밝고, 사무실이나 강의실과는 다른 따뜻한 느낌도 잘 전달한다.

지금까지 빛의 색온도, 즉 빛이 띠는 색상에 대한 내용을 살펴보았다. 동일한 인테리어를 사용해도 빛에 따라 느낌이 달라질 수 있다. 다른 매장이나 다른 사무실과 유사한 인테리어를 했는데도 비슷한 느낌이 나지 않는다면, 빛의 색온도부터 체크해보는 게 좋을 것이다. 다양한 빛을 사용해가며 고객의 정서와 행동에 맞는 빛을 찾아보는 노력이 중요하다. 다음 장에서는 사람들의 주의를 끌기 위해 빛의 밝기를 어떻게 사용해야 하는가에 대해 알아보기로 하자.

지나가는 사람들을 끌어당기는 힘

충분히 어둡게, 충분히 밝게, 차이를 이용하라

暗

사람들은 어두운 곳보다는 밝은 곳에 끌린다. 하지만 밝다고 해서
무조건 끌리는 건 아니다. 빛을 이용해 스쳐 가는 사람들의 눈길을 머물게 하고
발길을 끌어당기게 하려면 어떻게 해야 할까.

꿀벌은 어디로 탈출했을까

"빛이 찬란하게 빛나기 위해서는 어둠이 있어야 한다." 철학자 프랜시스 베이컨이 남긴 이 말은 비단 철학적인 은유에만 해당하지 않는다. 어딘가를 더 밝게 보이게 하려면 어둠을 잘 사용해야 한다. 생명체는 본능적으로 밝은 곳에 이끌리게 되어 있는데, 그건 사람도 마찬가지다.

두 개의 구멍을 낸 상자 안에 꿀벌을 넣고 한쪽에는 노란색 빛을, 다른 한쪽에는 파란색 빛을 비추어 꿀벌이 어느 쪽 구멍으로 더 많이 탈출하는지를 실험했다. 노란색 꽃이 많으므로 노란색 빛을 비추는 구멍으로 더 많이 빠져나갈 것 같지만, 결과는 양쪽이 같았다. 벌의 경우 색상의 차이가 결과에 아무런 영향을 미치지 못한 것이다. 그래서 이번에는 빛의 양을 조절해 한쪽에는 강한 빛을, 다른 한쪽에는 약한 빛을 비추었다. 그랬더니 확연히 많은 꿀벌들이 강한 빛을 비춘 쪽으로 빠져나왔다. 색상보다 빛의 세기가 행동 결과에 영향을 미친 것이다.

이 실험은 독일의 시각생리학자 카를 폰 헤스(Carl von Hess)가 진행한 실험이다. 그는 이 실험을 통해 꿀벌은 색맹이며 밝은 빛을 따라 움직인다는 결론을 내렸다.[1] 이 실험을 알기 전에는 꽃의 색상이 다양한 이유가 꿀벌이 색을 구분할 수 있기 때문이라고 생각해서, 꿀벌이 가장 좋아하는 색깔이 뭔지 항상 궁금했다. 그런데 꿀벌이 색맹이었다니, 그 사실에 놀랐던 기억이 있다.

하지만 인간은 꿀벌과 다르지 않은가. 다른 종에게 실험한 결과가 소비자들의 행동을 유발하는 데 어떤 힌트가 될 수 있을까. 생물학자 최재천 교수의 책 『최재천의 인간과 동물』에는 다음과 같은 대목이 있다.

기가 막히게 우수한 두뇌를 지녀 만물의 영장이 된 인간이지만 우리 인간의 역사는 다른 동물들에 비해 일천하기 짝이 없습니다. 우리는 기껏해야 20여만 년 전에 지구촌의 가장 막둥이로 태어난 동물입니다. 그러니 우리보다 수천만 년 또는 수억 년 먼저 태어나 살면서 온갖 문제들에 부딪쳐온 다른 선배 동물들의 답안지를 훔쳐보는 일은 매우 가치 있는 일일 겁니다.[2]

카를 폰 헤스가 진행한 실험을 소비자에게도 적용해보면 어떨까. 실제로 이와 관련된 실험을 직접 해보았다. 실험 장소는 마트로 정했다. 두 개의 매대에 똑같은 시금치를 각각 100단씩 진열하고,

한쪽은 400lx로, 다른 한쪽은 두 배 더 밝은 800lx로 조명을 맞추었다. 과연 인간도 꿀벌과 똑같은 행동을 보일까?

정말 신기하게도 두 배 더 밝은 빛 아래에 있는 시금치가 정확히 두 배 더 많이 팔렸다. 꿀벌과 마찬가지로 인간 역시 자동적으로 밝을 곳에 더 끌린 것이다. 이런 인간의 본능을 잘 이해하면, 조명의 강약 조절로 고객을 원하는 곳으로 이동하게 만들고, 한곳에 오래 머물게 하며, 팔고 싶은 물건을 더 많이 팔 수 있다.

4장에서 우리는 빛의 색온도에 대해 알아보았다. 여기서는 빛의 밝기에 대해 알아볼 것이다. 빛의 밝기에 대해 말할 때는 '조도(照度)'라는 용어를 사용하는데, '빛 밝기의 정도'로 이해하면 된다. 조도를 나타낼 때는 'lx(lux, 럭스)' 단위를 쓴다. 촛불 한 개의 조도가 1lx다. 조도는 밝을수록 숫자가 크고 어두울수록 숫자가 작다.

휘영청 밝은 한가위 보름달은 몇 lx 정도 될까? 엄청 밝아 보이지만 실제로 측정해보면 5lx 정도밖에 안 된다. 그래도 초승달의 조도인 1lx에 비해 다섯 배나 더 밝으니 사람들이 보름달을 두고 휘영청 밝다고 표현하는 것이다.

그렇다면 일상생활 속 공간의 조도는 어느 정도일까? 스마트폰의 앱을 사용해 조도를 확인해볼 수 있는데, 'lux meter(조도계)'로 검색하면 여러 앱이 뜬다. 다음의 간단한 리스트를 참고해서 지금 있는 공간의 조도가 얼마인지 직접 측정해보자.

달빛	1lx	사물을 희미하게 식별 가능
보름달	2~5lx	사물을 웬만큼 식별 가능 밤길을 걷는 데 불편함이 없음
흐린 날	100lx	일반 카메라 촬영이 가능
교실 및 방	200~400lx	독서, 식사, 공부 등을 할 수 있음 책 읽기에 가장 좋은 조도는 400lx
사무실	300~500lx	작은 글씨까지 판독 가능
TV스튜디오	1000lx	지나치게 밝아서 눈이 스트레스를 받는 수준
태양광	4만~10만lx	대낮의 환한 밝기

앞에서 실험한 마켓의 경우 내부 조도가 약 700~800lx 정도 된다. 많은 경우 조도의 강약 조절 없이 일률적으로 맞춰놓는 곳들이 대부분이다. 하지만 특별히 눈에 띄게 하고 싶은 상품이 있다면 그 진열대 주변의 조도는 더 낮게 설정하는 것이 좋다. 이것이 어둠을 사용하는 방법이다. 매대 위의 상품을 부각하기 위해 매대가 이미 밝은데도 조도를 추가로 더 높일 경우, 과도한 빛으로 인해 제품이 손상되거나 사람들의 피로감을 불러일으키거나 혹은 착시현상을 일으킬 수 있다.

모든 공간을 무조건 밝게 하거나 똑같은 조도를 사용하는 것은 의미가 없다. 밝아야 하는 곳을 정확히 찾아 밝혀주는 것이 중요하

특별히 눈에 띄게 하고 싶은 상품이 있다면
그 진열대 주변의 조도는 더 낮게 설정하는 것이 좋다.
이것이 어둠을 사용하는 방법이다.

다. 이제부터 몇 가지 사례를 통해 밝기를 적절하게 활용하는 방법에 대해 자세히 알아보자.

소비자에게 어떤 인상을 주고 싶은지, 조명으로 전달하라

롯데하이마트에서 교육을 의뢰해 매장을 방문한 적이 있다. 그런데 매장에 들어서자마자 천장을 가득 메운 하얀색 형광등 때문에 머리가 아팠다. 밝은 형광등 빛이 대리석 바닥에도 반사되어 눈을 편하게 뜨기가 힘들었다. 진열된 백색의 가전제품 역시 형광등 빛을 반사하고 있어 제품을 제대로 볼 수 없었다. 당시 내가 방문한 곳은 가장 최근에 문을 연 지점인데도 조명을 사용하는 방식이 섬세하지 못했다. 조명에 대한 특별한 고려 없이 천장에 형광등을 설치한 다음 상품을 진열했을 게 분명했다.

대기업 브랜드라고 해도, 현장 매장에서는 보통 최저가 입찰을 통해 조명 설치 업체를 선정하는 경우가 많다. 비용이 낮은 만큼 꼼꼼한 조명 설계는 어려웠을 것이다. 그러나 최소한 조명의 방향 정도라도 제품의 진열 방향과 맞춰놓았어야 했다. 이 문제를 어떻게 이해하고 해결할 수 있을까. 교육 대상자들에게 하이마트의 철학과 콘셉트가 무엇이냐고 물었다.

"가족들이 편안하게 쇼핑할 수 있는 곳입니다."

하지만 1500lx에 가까운 빛은 편안한 쇼핑을 유도하지 못하고, '어서 빨리 쇼핑하고 나가세요'라고 부추긴다. 조명이 자기 브랜드의 철학을 전혀 담아내지 못한 것이다. 2016년 당시 롯데하이마트는 새해 비전으로 '2020 아시아 톱5 홈 앤 라이프스타일 리테일러(Home & Lifestyle Retailer)'를 선포했다. 가전제품을 포함해 일상생활용품까지 원스톱 쇼핑 환경을 제공하겠다는 것이었다. 가전제품 그리고 이와 관련된 제품은 물론 생활용품, 완구, 여행용품, 자동차용품, 애견용품 등을 폭넓게 취급해 소비자의 라이프스타일에 맞는 상품을 제안하는 매장을 지향했다. 하지만 품목 간 연관 진열이 잘되어 있지 않고 심지어 생활용품들이 전자제품의 시야를 가리는 경우도 많았다.

롯데하이마트가 횡적으로 사업을 확장했다면, 신세계 일렉트로마트는 깊이를 더 추구했다. TV, 냉장고와 같은 일반 가전제품은 물론 드론, 피규어, 스마트토이까지 취급하며 성인 남성 고객의 발길을 붙드는 데 성공했다. 전자제품에 대한 깊이 있는 몰입과 스토리가 가득한 재미있는 연출로 개장 후 한 달만에 목표 대비 138%의 매출을 달성했다.

오늘날 전자제품 시장도 온라인 쇼핑이 지배하는 형태로 바뀌고 있다. 이에 따라 매장은 단지 매출을 일으키기 위한 진열 공간을 넘어 소비자와 깊은 커뮤니케이션을 하는 공간으로 바뀌고 있다. 그 커뮤니케이션의 방식에서 조명을 어떻게 사용하는지는 매우 중요

전체를 밝게 만들기보다, 강조하고 싶은 곳에
스포트라이트를 두면 고객에게 원하는 인상을 심어줄 수 있다.
수많은 상품들이 평면적으로 진열된 곳이라면, 모든 상품에
빛을 주기보다는 브랜드의 캐릭터 등과 같은 요소를 강조해
재미와 즐거움을 전달하는 것도 효과적이다.

하다. 일렉트로마트의 경우 그 의미를 매우 잘 이해하고 있었다.

　기본적으로 일렉트로마트는 공간별로 조도를 다르게 설정했다. 매장 곳곳에 '일렉트로맨' 캐릭터를 세웠는데, 그 캐릭터가 돋보이도록 주변의 조도를 조절했다. 당시 조도계 앱으로 체크해보면 일렉트로맨이 서 있는 무대가 주변 공간보다 두 배 정도 더 밝았다. 이 캐릭터는 가전제품의 특성상 딱딱하고 차갑게 느껴질 수 있는 매장에 익살스러운 인간미를 더하는 역할을 했다. 이 밖에도 일렉트로마트는 기본 조명을 천장에 높게 달아 전체를 밝혔고, 그 아래 스포트라이트를 별개로 설치해 전시된 상품에 정확히 타격했다. 빛을 제대로 받은 상품이 더 좋아 보이는 건 당연한 결과였다.

쇼핑몰의 통로는 생각보다 어둡다

　빛이 얼마나 중요한지는 예술 작품만 보아도 알 수 있다. 빛을 이용해 극적인 신비감을 강조하는 작품들을 여럿 남긴 화가 렘브란트는 '빛의 화가'라는 명예로운 별칭을 얻었다. 그의 작품 〈그리스도의 부활〉을 보면 천사 뒤에서 쏟아지는 빛에 의해 비로소 지상의 존재가 드러난다. 바로크 시대의 화가 카라바조는 렘브란트보다 더 강렬한 빛과 어둠의 대비를 사용하는데, 이로 인해 현대로 올수록 예술 애호가들에게 더 큰 사랑을 받는다.

램브란트의 작품〈그리스도의 부활〉을 보면 천사 뒤에서 쏟아지는 빛에
가장 먼저 시선이 향한다. 주변이 충분히 어둡기 때문에 그런 것이다.
극명한 빛의 대비는 그곳을 바라봐야 한다는 단호한 신호를 전달한다.

이런 화가들의 그림을 볼 때도 우리의 시선은 캔버스 위에서 눈부시게 밝은 빛이 있는 곳으로 가장 먼저 간다. 반면 주변은 충분히 어둡다. 빛의 대비는 그곳을 바라보지 않으면 안 된다는 단호한 신호를 전달한다. 이런 방법은 예술 작품뿐만 아니라 일상 어디에서나 적용할 수 있다. 사람들의 시선을 붙들고 싶은 대상이 있다면 빛과 어둠을 대비시켜보면 된다.

많은 사람들이 백화점 통로가 매우 밝다고 생각하지만, 실제로 백화점 통로에는 조명이 거의 없다. 잘 살펴보면 통로가 아닌 매장 내부와 상품이 진열된 곳이 매우 밝은 것을 알 수 있다.

서울 압구정의 갤러리아 백화점은 빛의 강약을 제대로 활용하고 있는 곳이다. 백화점 전체에 걸쳐 고객이 쇼핑하기 편리하도록 조도의 안배가 잘되어 있다. 고객이 이동하는 통로는 조도가 50~70lx 정도로 굉장히 낮다. 대신 제품이 진열되어 있는 테이블 위의 조도는 약 2440lx로, 통로와 무려 500배의 조도 차이를 두어서 상품을 극적으로 연출한다. 이러한 조도 차이는 사람들을 천천히 걷게 만들고 상품에 더욱 집중하게 하는 효과가 있다. 대비가 선명한 곳에서 사람들은 집중하고, 행동이 느려진다. 고가의 제품이나 명품을 다루는 매장일수록 내부가 어둡고 제품에만 빛을 쏘는 것을 생각해보면 쉽게 이해할 수 있다.

빛의 강약을 잘 이해하는 사람이라도 상품을 진열하다 보면 의도한 만큼 빛의 강약을 조절하는 게 힘들 때가 있다. 예를 들어 제

빛의 역할은 음식 위의 고명과 같다. 고명이 마지막에
맛을 내주는 역할을 맡고 있는 동시에 시각적으로도
음식의 모양과 빛깔을 돋보이게 하듯, 빛도 그렇다.

일 위에 있는 선반에는 원하는 만큼의 빛을 비출 수 있지만, 아래로 내려갈수록 충분한 조도를 확보하기가 어려워 5~10lx 정도의 조도를 겨우 유지하게 된다면 어떻게 될까. 달빛 아래 혹은 조명 시설 없는 창고 내부에 상품을 내놓은 꼴이다.

한때 박스 안에 상품을 진열하는 방식이 유행한 적이 있다. 무언가 멋진 공간을 만들어서 그 안에 하나하나 두면 상품이 더 근사하고 두드러져 보일 거라 생각한 것이다. 만약 그렇게 상품을 진열한 가방 매장을 지나가고 있다고 생각해보자. 천장에서 쏟아지는 빛이 박스에 가려져 가방을 전혀 비추지 못할 것이다. 상품에 맞는 적정한 조도가 뒷받침되지 않으면 상품은 고객에게 말을 걸 수도, 장점을 어필할 수도 없다. 지나가는 고객이 상품의 장점과 가치를 전혀 인식하지 못하는 것이다. 고객으로부터 행동의 변화를 이끌어 내지 못하는 진열은 아무리 멋있어 보여도 의미가 없다.

최고의 전문가들이 설계한 웅장한 매장 혹은 쇼핑몰이라 해도 잘못된 조도 활용으로 제 기능을 다하지 못하기도 한다. 잠실에 제2롯데월드가 오픈했을 때의 일이다. 쇼핑몰의 메인이라 할 수 있는 1층 출입구로 들어서는 순간, 시선을 어디에 둬야 할지 모를 정도로 어수선한 기운이 느껴졌다. 이유는 조도에 있었다. 통로와 매장의 조도가 약 400~500lx로 차이가 거의 없었다. 이렇게 되면 고객을 매장으로 끌어당기는 힘이 약해진다. 고객들은 통로를 따라 이리저리 흘러 다니기만 할 뿐 손으로 상품을 만져보거나 매장 안으로 들어가려 하지 않았다. 그나마 군데군데 있는 스포트라이트는 팔아야 할 상품이 아니라 고객의 쉼터로 마련된 소파를 비추고 있었다. 이와 같은 실수를 저지르지 않도록 신경써야 한다.

그런데 어떻게 모든 물건에 조명을 비출 수 있을까? 여러 개의 물건을 한꺼번에 모아둔 곳이라면 불가능하지 않을까? 예를 들어 안경점처럼 수백 개의 물건이 진열된 곳에서는 어떻게 하는 것이 좋을까. 고객이 어떤 상품을 원하는지 모르는데, 어떤 물건에 조명을 쏘아야 할까?

이런 어려운 문제를 해결한 안경점이 있다. 이 안경점에서는 안경이 진열되어 있는 매대의 서랍을 당기면 위에 있는 센서 등이 켜지면서 서랍 안의 상품을 정확히 비춘다. 원하는 순간, 원하는 곳에 조도를 높일 수 있는 장치를 만들어낸 것이다. 이처럼 기술을 이용해 빛의 강약을 적절하게 조절하는 오프라인 매장들이 점점 늘어나고 있다.

무조건 밝게 하지 말고 집중하게 하라

빛의 역할은 음식 위의 고명과 같다. 아무리 좋은 재료로 맛있게 떡국을 끓였다 해도 그 위에 온갖 고명이 올라가 있지 않으면 맛있어 보이지 않는다. 음식에서 고명은 마지막에 맛을 내주는 역할을 맡고 있는 동시에 시각적으로도 음식의 모양과 빛깔을 돋보이게 하는 막중한 역할을 한다.

빛도 그렇다. 공간을 아무리 멋지게 꾸며도, 빛이 엉뚱한 곳을 향하고 있으면 절대 좋아 보일 수 없다. 최근에는 많이 발전했지만, 우리나라의 매장 인테리어나 상품 디스플레이 중 가장 낙후되어 있던 분야가 바로 빛의 활용 쪽이었다. 빛을 담는 등과 기구의 형태 같은 디자인적 요소는 점점 나아지고 있지만, 빛의 강약을 알고 적절히 사용하는 곳은 아직도 드물다.

최근 방문한 매장 중 충격을 안겨준 곳이 하나 있다. 계산대 앞에 선 고객이 인상을 찌푸리며 짜증을 내고 있었다. 그 사람만이 아니라 계산대 앞에 서는 사람마다 같은 반응을 보이는 것이 아닌가. 궁금해 가까이 다가가니 밝은 조명이 고객의 얼굴을 직접 비추고 있었다. 조도를 체크했더니 무려 6000lx였다. 여름철에 화상을 입을 수 있을 정도로 강한 빛에 해당하는 조도였다. 어떻게 바꾸어야 할까? 고객이 있는 곳의 조도는 300lx, 점원이 있는 곳은 500lx가 적당하다.

한번은 밤길을 걷다가 어느 편의점 안이 대낮처럼 환하게 빛나기에 들어가보았다. 편의점은 보통 조명을 밝게 쓰는 곳이 많지만, 그곳은 유난히 밝아 조금 당황스러웠다. 들어가서 조도를 확인해보니 평균 1500lx였다. 일반적으로 편의점의 조도가 700~800lx인 것을 감안하면 두 배 가까이 밝은 셈이었다. 공간이 시원하게 트인 느낌을 주려고 밝게 했다고 하지만, 너무 과해서 매장에 들어서는 순간 물건이 눈에 잘 들어오지 않았다. 필요한 물건만 빨리 사서 나가야 할 것 같은 기분이 들었다.

분명 밖에서 고객의 눈길을 끄는 데는 효과가 탁월하겠지만, 고객이 편의점에 들어와서 물건을 구매하고 간단한 음식까지 먹기에는 매우 불편한 밝기였다. 뿐만 아니라 그 안에서 일하는 직원들의 건강과 생체리듬에도 악영향을 미칠 수 있다. 2008년 이스라엘의 한 연구팀 조사에 따르면 밤에 과다한 빛에 노출된 지역의 여성들은 그렇지 않은 지역의 여성들보다 유방암 발생 비율이 73% 높게 나타났다. 밤에도 쉴 새 없이 켜놓은 과도한 인공조명은 멜라토닌 생성을 막아서 수면을 방해할 뿐 아니라, 여성들의 유방암 발생률도 높인다.[3] 최근 편의점은 카페의 기능까지 겸해 더욱 안락하고 편안한 공간으로 변해가고 있다. 그런 변화를 생각한다면 이런 밝은 조명은 추세를 거스르는 것이다.

동대문에 있는 의류상가들도 비슷하다. 어떤 곳은 조도가 4000lx인 곳도 있었다. 밝게 해야 고객들이 더 많이 온다는 고정관념에 사로잡혀 과도하게 밝은 빛을 사용하고 있었다. 야구나 축구 야간경기를 할 때 켜는 조명이 2000~3000lx이니, 4000lx가 얼마나 밝은 빛인지 충분히 짐작 가능할 것이다. 이렇게 한 공간이 전체적으로 똑같은 조도를 가지고 있으면 장소는 평범해지며 상품은 평면적으로 보인다. 의류상가 안에 입점한 매장들이 여기나 저기나 비슷해 보이는 것은 비단 물건이 유사해서만이 아니다. 이렇게 조도가 동일하면 사람들은 30분만 있어도 오래 머문 것 같은 지루함을 느낀다. 그러므로 고객을 원하는 곳으로 이동하게 하고 싶거나 특정 상품에 집중하도록 만들고 싶다면 조도의 강약을 활용해야 한다.

이처럼 빛을 쓸 때는 상품을 돋보이게 하는 것과 더불어 그 공간에 머무는 고객과 점원 모두 편안할 수 있도록 배려해야 한다. 엄청나게 밝은 푸른빛 조명 아래에서 고객이 편하게 음식을 먹거나 옷을 살 수 있을까? 매일 밤 과도하게 밝은 빛 아래에서 일하는 점원이 스트레스를 받으면, 그 스트레스는 고객 응대에 영향을 미칠 뿐만 아니라 일하는 사람들의 건강까지 해치게 된다. 그러니 무조건 밝게 하지 말고, 집중할 수 있도록 한다는 개념을 명심하자. 사람들은 아주 밝을 때보다 조도에 강약이 있을 때 더 잘 집중한다.

적절한 빛을 써야 가치가 오른다

기본적인 조도의 사용처를 정리하면서 몇 가지 구체적인 사례를 들어 적절한 활용 방식을 살펴보았다. 조도의 중요성을 강조하면, 어디에 어떻게 써야 하는지를 지정해달라고 요청하는 경우가 종종 있다. 주거공간과 상업공간마다 적합한 조도에 대해 대략적인 방향은 정리할 수 있지만, 일률적으로 이를 적용하는 것에는 무리가 있다. 자기 공간과 자기 브랜드에 맞게 어떻게 사용하느냐에 따라 완전히 다른 효과를 가져올 수 있기 때문이다.

또한 사람마다 조도를 받아들이는 차이도 분명히 존재한다. 눈의 상태, 나이, 키 등에 따라 같은 공간에 있어도 받아들이는 빛의 양이 매우 다르기 때문이다. 나라마다 문화권마다 빛에 대한 취향이 다르기도 하다. 우리나라 사람들은 워낙 밝은 것을 좋아해서, 국가 차원에서 내놓은 조도 기준도 유럽이나 미국의 기준보다 조금 높은 편이다.

그러면 어떻게 하는 것이 좋을까. 일단 주거공간 및 상업공간에 권장되는 평균적인 조도에 대한 개념을 갖도록 하자. 그러면 일상에서부터 조도의 효과를 경험해볼 수 있다. 예를 들어 침실과 거실의 조도부터 조정해보자. 사람은 낮에는 자연광에서 받을 수 있는 밝은 빛을 쬐고, 밤에는 서서히 밝기를 낮춰 은은한 빛 아래 있어야 자연스럽게 수면에 들어간다. 현대인들이 불면증과 만성 통증에 시달리는 이유는 밤에도 대낮처럼 밝은 도시의 불빛에 시달리고 있기 때문이다.

일단 거실부터 점검해보자. 거실에서 주로 어떤 활동을 하느냐에 따라 조금씩 다르지만 휴식을 취해야 한다면 150~200lx, 책을 읽으려면 400lx 정도가 좋다. 거실 한편에서 재봉틀이나 수공예 같은 세밀한 손작업을 할 때는 700~1000lx가 알맞다.

서재, 공부방, 독서실처럼 근거리 작업을 할 때는 전체 조명은 밝게 하고 스탠드 같은 보조 조명을 쓰는 것이 좋다. 어두운 곳에서 집중이 잘된다는 생각에 조명을 어둡게 하고 컴퓨터 모니터만 켜두거나 스탠드로만 밝게 켜는 경우가 있는데, 눈이 응시하는 화면과 주위 환경의 대비가 심하면 눈이 금방 피로해진다. 또한 주위가 어두우면 신체는 밤이라고 판단해 멜라토닌을 분비하고 졸음이 오게 하므로, 졸음을 예방해야 하는 장소는 500lx쯤으로 밝게 해두는 것이 좋다.

침실의 취침등은 70lx가 적절하다. 만약 침실에서 독서를 즐긴다면 밝은 빛의 스탠드를 부수적으로 활용하는 것이 좋다. 그리고 잠을 잘 때는 암막커튼을 쳐서 모든 인공조명을 차단하는 게 효과적이다.

현대인들은 굉장히 많은 시간을 인공 빛 아래에서 생활하고 있고, 영향을 많이 받는다. 그래서 용도와 목적에 맞는 적절한 빛 사용은 우리가 생각하는 것 이상으로 매우 중요하다. 4장에서 설명한 색온도와 이번 장에서 설명한 조도를 함께 고려하여 공간의 조명을 세심하게 조절해보자. 고객의 행동 유인에 효과적인 것은 물론 삶의 질 또한 달라질 것이다.

45° 각도와 76cm 높이의 마법

더 활기차게, 더 멋지게 보이게 하려면

76cm

밝기 정도에 못지않게 중요한 것이 각도다. 똑같은 옷을 입어도
빛의 각도에 따라 10년은 더 어려 보이기도, 10년은 더 나이 들어 보이기도 한다.
사람들의 마음에 감동을 주고 싶다면 마법의 각도를 찾아내자.

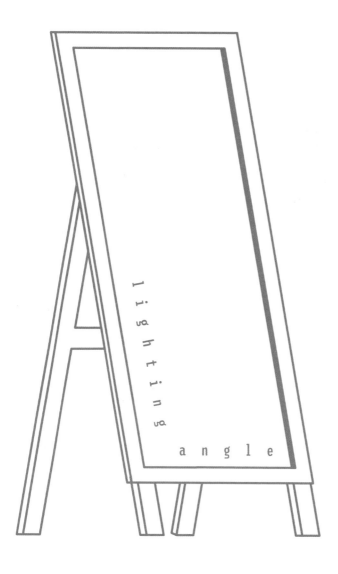

왜 33%의 사람들은 그 옷을 포기했을까

나는 패션 디자이너다.

내가 하는 일은 예술적이지만, 예술가는 아니다.

왜냐하면 나는 팔리고, 마케팅되고, 사용되고,

궁극적으로 폐기될 것을 만들어왔기 때문이다.

— 톰 포드

패션 디자이너 톰 포드(Tom Ford)는 침몰해가는 구찌를 젊음과 관능이라는 키워드로 살려낸 장본인이다. 그가 TF 로고를 새긴 톰 포드 매장을 열었을 때 사람들은 열광했다. 사람들을 열광시킨 요인에 여러 가지가 있었지만, 그중 최고는 피팅룸이었다.

"세상에! 피팅룸에 있는 휴지까지 죄다 검은색이야."

피팅룸은 겉으로 보이는 공간이 아니다. 고객이 상품을 들고 혼자 들어가는 곳이다. 그런데 톰 포드는 잘 보이지도 않는 그 공간을 남다르게 바꾸었다. 로고가 새겨진 거울 앞 가죽 소파에 앉아 검정

티슈까지 사용하게 되는 사람들에게, TF의 피팅룸은 단순히 옷을 입어보는 공간이 아니다. 그건 톰 포드가 선사하는 은밀한 패션 천국이고, 그곳에서 고객들은 어떤 매장에서도 느껴보지 못한 황홀함을 맛보게 된다. 톰 포드가 피팅룸까지 신경을 쓴 게 그의 예술가적 성향 때문이라고만 볼 수는 없다. 마케팅 관점에서 피팅룸은 아주 중요한 기능을 한다.

쇼핑 중인 고객에게 피팅룸은 중요한 의사 결정을 내리는 현장이다. 특히 여성 고객에게 피팅룸은 그날 가장 중요한 결정을 내리는 곳일 가능성이 높다. 피팅룸에서 여성들은 자신이 고른 상품이 스스로를 얼마나 젊고 아름답게 만들어주는지 냉정한 평가를 내린다. 피팅룸 밖에서 고객이 내보이는 반응은 믿을 수 없다. 옷을 입고 나온 다음 밖에서는 "예쁘네요"라고 말하지만, 그것이 곧 사겠다는 말은 아니다. 고객의 결정은 사적인 공간에서 이루어진다.

네덜란드 출신의 비주얼 아티스트 재클린 하싱크(Jacqueline Hassink)가 전 세계 패션 매장의 피팅룸을 촬영하는 프로젝트를 진행한 적이 있다. 그녀는 손님이 피팅룸에 들어가는 순간, 공적인 공간이 사적인 공간으로 탈바꿈하는 것에 주목했다. 그러면서 세계적인 패션업체들이 어떻게 피팅룸을 디자인하는지 살펴봤다.[1]

예를 들어 하싱크는 샤넬의 피팅룸에서 옷을 입어보는 과정을 고객이 누릴 수 있는 가장 호화로운 룸서비스에 빗댄다. 세련된 인테리어와 고객의 피부결을 살려주는 조명 아래에서 입는 옷들이 쇼핑 중인 고객에게 거울 앞은 중요한 의사 결정을 내리는 현장이다.
거울 앞에서 고객들은 자신이 고른 상품이 자신을 얼마나
젊고 아름답게 만들어주는지 냉정한 평가를 내린다.

남다르게 느껴지는 건 당연하다. 그럴 때 고객의 지갑도 더 쉽게 열린다.

영국 컨설팅회사 인비전리테일(Envision Retail)의 조사에 따르면, 피팅룸에 들어가지 않고 밖에서 옷을 걸쳐 입는 고객 중 옷을 한 벌이라도 구입하는 사람은 10%에 불과하다. 반면 피팅룸에 들어가서 옷을 입어본 고객 67%가 옷을 한 벌이라도 구입한다.[2] 당연히 예상되는 결과다. 기본적으로 그 옷이 마음에 들고 사고 싶다는 의지가 있는 사람만이 피팅룸에 들어가 옷을 입어볼 테니까 말이다.

여기서 주목해야 할 대상은 피팅룸에 들어갔다가 나왔지만 옷을 사지 않은 33%의 사람들이다. 왜 33%의 사람들은 마음에 들었던 옷을 포기했을까? 막상 입어보니 색깔이나 사이즈나 착용감 등이 생각보다 자신과 잘 어울리지 않았을 수도 있다. 그래서 그런 고객들은 점원에게 "다른 컬러도 있어요?" 혹은 "더 큰 사이즈 있나요?"라고 묻기도 한다. 하지만 그렇게 해서 옷을 입어봐도 고객이 마음에 들어하지 않는다면, 혹시 다른 데 문제가 있는 건 아닐까?

"쇼윈도에 걸린 옷을 보고 동공이 확대된 어떤 손님이 옷이 너무 예쁘다고 호들갑을 떨며 들어왔어요. 딱 자신이 찾던 스타일이라며 한번 입어보겠다는 거예요. 그런데 곧 살 것처럼 굴던 손님이 막상 입고 나와서는 태도가 돌변해 옷을 벗어두고 그냥 가버렸어요. 문제는 하루에 저런 손님이 여럿 있다는 거예요. 매장으로 들어오는 사람은 많은데 실제로 구매하는 사람은 별로 없어요. 뭐가 문제인지 몰라서 답답해요."

이런 하소연을 듣게 되면 나는 곧장 피팅룸부터 확인한다. 그런 경우 피팅룸이 거의 창고처럼 쓰이고 있을 때가 많다. 제품이 잔뜩 쌓여 있으면 고객이 편안하게 옷을 갈아입을 수 없다. 일단 마음이 불편하다. 설상가상 피팅룸 바깥문에 붙은 거울에 신용카드 가맹점 스티커가 붙어 있는 곳도 있다. 피팅룸 위 천장에 직선으로 아래를 비추는 조명이 설치된 곳도 있다. 이런 피팅룸은 십중팔구 고객을 내쫓는다.

감동을 선사하는 빛의 각도 45°

고객의 입장에서 이 상황을 묘사해보자. 통로를 지나가던 나는 쇼윈도에 걸린 멋진 옷을 발견했다. 그리고 그 옷을 입은 나의 모습을 상상한다. '바로 내가 찾던 옷이잖아! 나한테 잘 어울리겠지? 분명 예뻐 보일 거야.' 잔뜩 기대를 하고 매장 안으로 걸어 들어간 나는 점원에게 옷을 받아 피팅룸 안으로 들어간다. 피팅룸 안에서 옷을 갈아입자니 좁고 불편해서 좋았던 기분이 한풀 꺾인다. 하지만 큰 상관은 없다. 어차피 옷만 잘 어울리면 되지 않겠는가! 원피스의 지퍼를 올리면서 내일 데이트 할 장소로 순간이동을 해본다.

'이 옷을 입고 나가면 상대는 예뻐진 내 모습을 더 사랑스러운 눈

빛으로 쳐다보겠지?' 상상 속의 나는 이미 충분히 아름답다. 신고 왔던 운동화를 벗고 탈의실 한쪽에 준비된 10cm 굽 하이힐에 발을 구겨 넣는다. 피팅룸을 나온다. 멋진 모습일 거라 확신하고 거울 앞에 선다. 그런데 이게 웬일인가! 거울 앞에는 칙칙한 모습의 내가 서 있다. 분명 밖에서 봤을 때는 화사하고 예쁜 옷이었는데, 내가 입으니 이상하다. 심지어 나이 들어 보이기까지 한다. '나한테 맞는 옷이 아니었어. 그럼 그렇지.' 실망한 기색을 애써 감추며 옷이 잘 안 맞는다는 핑계를 대고 매장을 서둘러 나온다.

이런 경우 먼저 피팅룸 앞의 조명을 점검해보자. 천장에서 직각으로 내려오는 조명이 사람의 정수리를 비추면 눈 주변에 깊은 그림자를 만든다. 이러면 얼굴 곳곳의 주름이 더 선명하게 보인다. 입었을 때 생기 있어 보이는 옷과 나이 들어 보이는 옷이 있다면, 당연히 후자의 옷은 잘 사지 않을 것이다.

이런 비주얼의 차이는 대부분 조명에 의해 좌우된다. 특히 중요한 건 빛의 각도다. 빛의 각도만 바꿔도 거울에 비치는 사람의 나이를 어려 보이게 만들 수 있다. 직각으로 떨어지는 빛을 45°로 떨어지게, 즉 빛이 가슴 아래를 향하도록 조정해보자. 그러면 거짓말처럼 다크서클과 주름이 사라지고 훨씬 더 젊고 예뻐 보인다. 당연히 실제 구매로 이어질 확률도 높아진다.

영화나 드라마를 보면 여배우의 매니저가 촬영장에서 조명 감독에게 커피를 건네주며 연신 인사하는 장면이 나올 때가 있다. 여배

천장에서 직각으로 내려오는 조명이 사람의 정수리를 비추면
눈 주변에 깊은 그림자가 만들어진다. 이러면 얼굴 곳곳의 주름이 더 선명하게
보이는데, 고객은 옷 때문에 나이 들어 보인다고 생각하고 그 옷을 사지 않는다.

우 주변에 반사판을 추가해 비춰달라고 부탁하는 것이다. 촬영장에서 여배우에게 반사판을 댈 때도 양쪽 측면에서 사선인 45°로 빛을 모아준다. 사선 각도에서 반사판을 비춰주는가 아닌가에 따라 배우의 미모와 나이가 확연히 달라진다.

백화점에서 옷을 입을 땐 참 예뻐 보였는데 막상 집에 와서 입어보니 그 느낌이 잘 나지 않았던 경험이 누구나 있을 것이다. 이것도 조명의 각도 때문이다. 백화점의 거울 앞 조명은 회전과 방향 조정이 가능하다. 그리고 대부분 45° 각도로 고객의 가슴 아래를 비춘다. 게다가 색온도도 3500K로 맞추어 얼굴의 잡티와 주근깨를 잘 가려준다.

형광등이 켜져 있는 우리 집 안방 조명이 이런 백화점 조명을 따라갈 리 없다. 간혹 새로 산 옷이 집에서 예뻐 보이지 않아 낙담하게 되는 건 이 때문이다. 그건 집의 조명 탓이니 문제가 되지 않겠지만, 매장의 거울 앞에서 고객이 예뻐 보이지 않는 것은 큰 문제다. 거울 앞 일자 형광등은 고객을 내쫓는다는 사실을 꼭 명심하자.

피팅룸 안에 반드시 거울이 있어야 할까

고객이 자신의 모습을 비추는 거울 이야기를 좀 더 해보자. 의류나 화장품을 파는 곳이 아니어도 여기저기에 거울을 비치하는 매장이 늘고 있다. 물건을 착용한 모습을 자주 보여줌으로써 고객의 만족도를 높이고 구매욕을 불러일으키게 하기 위한 것이다. 카페에도 병원에도 거울이 많다. 나르시시즘이 강한 현대인들은 수시로 자신의 모습을 확인하고 싶어 하고, 자신의 모습이 멋있어 보였던 장소는 더 자주 찾게 된다.

특히 의류 매장의 거울은 신경 써야 한다. 그렇다면 의류 매장 내에서 어디에 위치한 거울이 가장 중요할까? 앞서 가장 은밀하게 구매를 결정하는 공간이 피팅룸이라고 했다. 그렇다면 피팅룸 안에 있는 거울이 가장 중요하지 않을까?

고객 입장에서 피팅룸 안에 거울이 없으면 불편하다. 다시 피팅룸 밖으로 나와 거울을 보고 내 모습을 확인해야 하기 때문이다. 점원을 비롯하여 다른 고객들까지 자기 모습을 훤히 다 볼 수 있는 것도 신경 쓰인다. 자신의 모습을 혼자서 맘 편하게 이리저리 비춰 보면서 옷을 살지 말지 판단하고 싶은데, 거울이 피팅룸 밖에 있으면 그럴 수가 없다. 나와서 서둘러 보고 들어가야 할 것 같다. 그러나 피팅룸 안에 거울을 두는 것이 과연 좋은 전략일까?

그렇지 않다. 불편함에도 불구하고 대부분의 의류 매장에서는 피팅룸 안에 거울을 설치하지 않는다. 이유는 간단하다. 피팅룸 안에 거울이 있으면 착용 후 구매를 바로 포기하는 고객이 많아지기 때문이다. 일단 피팅룸의 경우, 조명 활용도가 바깥보다 떨어진다. 매장 조명보다 어둡고 조명의 각도도 잘 나오지 않는다. 또한 좁은 피팅룸 안은 거울이 바로 앞에 있기 때문에 웬만해선 예뻐 보이지가 않는다.

거울이 바로 코앞에 있으면 몸 전체의 비율을 제대로 볼 수 없다. 다리는 짧고 얼굴은 크고 몸통은 더 뚱뚱해 보인다. 충분한 거리가 확보되지 않기 때문에 실루엣도 정확하게 파악하기 힘들다. 고객의 기분을 좋게 해주는 직원의 응대도 없다. 이렇게 판매 유도가 떨어지기 때문에 대부분의 옷 가게에서는 피팅룸 안에 거울을 설치하지 않는다.

하지만 피팅룸 안에 거울을 설치해야 하는 경우도 있다. 대표적인 예가 유니클로, 자라, H&M 등 SPA(생산유통일괄) 브랜드에서 운영하는 매장이다. 비교적 저렴한 가격과 빠른 트렌드 반영으로 젊은 고객들의 사랑을 받고 있는 이러한 브랜드들은 대형 매장을 운영하며 피팅룸을 한곳에 모아둔다. 사람들이 각 피팅룸의 번호표를 받고 커튼을 열고 들어가면, 그 안에 있는 거울을 보고 구매를 결정하는 시스템이다.

SPA 브랜드 매장의 피팅룸은 비교적 넓고 내부 조명도 상당히 밝다. 덕분에 옷의 스타일과 디테일을 잘 살펴볼 수 있어서, 피팅룸 안에 거울이 있으면 안 되는 이유를 일정 부분 제거하고 있기는 하다. 하지만 밝은 조명은 분명 고객의 얼굴을 더 나이 들어 보이게 만든다. 주로 젊은 고객이 많기 때문에 상대적으로 나이에 덜 민감할 수 있다 하더라도, 늙어 보이는 걸 좋아할 사람은 없다. 그러나 이런 단점에도 불구하고 SPA 브랜드의 경우 거울이 피팅룸 내부에 있을 때 얻는 장점이 더 많다.

보통 SPA 브랜드는 매장이 크고 가격이 저렴해 고객보다 직원 수가 훨씬 적을 수밖에 없어서, 직원이 일일이 고객의 스타일을 확인하고 조언해주기 힘들다. 그래서 고객 스스로 피팅룸 안에서 자유롭게 여러 벌의 옷을 입어보고 선택할 수 있도록 피팅룸 안에 거울을 설치한 것이다. 직원이 관심을 보이지 않으니 고객이 편안하게 피팅룸을 이용할 수 있다는 장점도 있다. 이처럼 업종, 취급 품목의 가격대, 대상 고객의 연령이나 라이프스타일 등에 따라 피팅룸 안에 거울을 설치하는 게 이득인가 손해인가를 다르게 판단할 수 있다.

사선 조명으로 더 젊게 더 활기차게

조명의 각도에 대해 좀 더 자세히 알아보자. 45° 각도의 사선 조명은 활력을 만든다. 클럽에서도 신나는 댄스음악이 흘러나올 때는 여러 방향의 빛들이 사선으로 마구 쏟아진다. 사선 조명은 수직으로 떨어지는 빛보다 안정감은 떨어지지만 공간에 입체감과 생동감을 불어넣는 장점이 있다.

빛의 각도를 직선, 사선 등으로 다양하게 조절하고 싶다면 천장

SPA 브랜드의 경우 고객 스스로 자유롭게 여러 벌의 옷을 입어보고 선택할 수 있도록
피팅룸 안에 거울을 설치한다. 지켜보는 사람이 없으니 고객이 편안하게
피팅룸을 이용할 수 있다는 장점도 있다.

에 고정되는 매입 조명이 아닌 레일 조명을 사용하면 좋다. 최근에는 다양한 업종의 매장에서는 물론, 가정집에서도 레일 조명을 많이 활용한다. 공간 콘셉트에 맞게 각도 조절을 잘한다면 의도했던 활기찬 분위기를 만들 수 있다.

하지만 정확한 목적 없이 그저 유행이라 레일 조명을 설치하는 경우도 종종 있다. 왜 레일 조명을 다는지 그 목적을 정하지 않은 채, 천장에 조명을 가득 달아놓고 각도를 조절하지 않는다. 레일 조명은 제대로 쓰이지 않으면 활기잔 느낌을 주기는커녕 오히려 지저분한 느낌을 줄 수도 있다. 그럴 바에는 차라리 매입 조명을 사용하는 편이 나은데, 등 기구가 직접 보이지 않아서 깔끔하고 습기로부터 보호할 수 있는 장점도 있다.

레일 조명을 사용할 때는 몇 가지 주의해야 할 점이 있다. 우선 빛은 고객이 서 있는 쪽이 아닌 상품을 향해야 한다. 특별한 목적이 있어 고객 쪽을 향하게 하더라도 절대 얼굴에 직접 비추어서는 안 된다. 고객의 눈을 부시게 하는 것은 고객을 매장에서 내쫓는 것과 마찬가지다.

레일 조명의 쓰임새는 여러 가지인데, 다양한 각도를 만들어 둥근 형태의 제품을 더욱 입체감 있게 만들기도 한다. 예를 들어 $45°$로 여름철 수박을 비춰주면 더 크고 먹음직스럽게 보인다. 베이커리 매장에서도 둥근 크로켓이나 도넛에 사선 조명을 비추면 훨씬 더 크고 입체감 있게 느껴진다. 최근에는 $360°$ 회전이 가능한 조명도 있어 더 극적인 연출이 가능해졌다.

그렇다면 사선이 아닌 다른 방향으로 조명을 비추면 어떨까? 앞서 설명했듯 사람의 정수리 바로 위에서 아래로 빛을 비추면 얼굴에 그늘을 만들어 나이가 더 들어 보인다. 아래에서 위로 비추는 조명은 위압감과 공포를 느끼게 한다. 무서운 분위기를 연출하고픈 매장이라면 적극 활용해볼 수 있겠지만, 일반적인 상업공간에는 대체로 적절치 않다.

사람이나 사물 뒤에서 앞을 향해 비추는 실루엣 조명 혹은 후광 조명은 어떨까. 역시 상업공간에 적절하지 않다. 대신 뒤에서 비추는 조명은 대상의 윤곽을 강조하는 데 효과적이고 신비함과 권위를 느끼게 해서 종교적인 장소에 많이 사용된다.

조명을 통해 공간에 활기를 불어넣는 건 매우 중요하다. 판매하고 있는 상품의 장점과 가치를 알리고, 그것을 선택한 사람에게 기쁨과 행복을 줄 수 있기 때문이다. 원하던 물건을 찾고 감동받게 하기 위해서 각도의 비밀을 잘 활용해보자. 고객들이 자신을 더 젊게 느끼고 활력을 되찾을 수 있도록 말이다.

가장 맛있어 보이는 높이 76cm

각도를 살펴봤다면, 높이는 어떻게 해결해야 할까? 조명은 어느

사선 조명은 수직으로 떨어지는 빛보다 안정감은 떨어지지만
공간에 입체감과 생동감을 불어넣는 이점이 있다.

정도의 높이에 달려 있는 게 가장 좋을까? 요식업에 종사하는 사람들을 만나면 다음과 같은 질문을 던져볼 때가 있다.

"음식이 가장 맛있어 보이는 조명의 높이는 몇 cm일까요?"

음식점을 운영하는 사람들은 그 정답을 알고 있을까? 대부분 자신들의 매장에 달아놓은 조명의 높이를 말하는데, 30cm에서 3m에 이르기까지 천차만별이다.

한 패밀리레스토랑이 연구에 연구를 거듭해 음식이 가장 맛있어 보이는 조명의 높이를 찾아냈다. 그들이 어떻게 실험했을지 한번 상상해보자. 처음엔 50cm에 달았다가 너무 낮은가 싶어 1m로 올렸다가, 또 이번엔 너무 높은가 싶어 70cm로 낮췄을 것이다. 그러고는 71cm부터 80cm까지 하나씩 다 확인하면서 비로소 가장 적절한 높이를 찾아냈을 것이다. 그 높이가 바로 76cm다. 이 패밀리레스토랑은 자신들의 매뉴얼 북에 따라, 전 세계 매장의 조명 높이를 음식에서 76cm 떨어지는 위치로 통일하고 있다.

실제로 대부분의 실내 건축학 책을 보면 식탁 위 조명의 높이는 70~90cm 정도가 좋다고 한다. 주택을 설계할 때 가정집 식탁 위에 이 높이로 조명을 달면 엄마가 만들어준 음식이 더 맛있어 보인다고 적혀 있다. 그런데 왜 식당에서는 그렇게 하지 않을까?

대부분의 식당에서 조명은 천장 높이에 달려 있고, 식탁은 그 아래에 덩그러니 놓여 있는 경우가 많다. 왜 식탁 위에 조명이 설치되어 있지 않느냐고 물어보면, 애초에 인테리어가 이렇게 되어 있었다고 답한다. 고비용을 들여서 비싼 가구를 놓는 것보다, 조명의 위치를 정확하게 조정하는 게 고객을 훨씬 더 많이 끌어당길 수 있다는 점을 명심하자.

높이까지는 신경 쓰지 못했다 해도, 식탁 바로 위 천장에 조명이 달려 있는 곳은 그나마 다행이다. 어떤 식당들은 식탁 위에 조명이 없고, 사람들이 걸어 다니는 통로 쪽에 조명이 가득 달린 곳도 있다. 음식을 먹음직스럽게 보이게 만들려면 조명이 필요한데 오히려 음식에 그늘이 지도록 만들어놓은 것이다. 이렇게 되면 정성스레 만든 맛있는 음식이 전혀 맛있어 보이지 않는다. 알고 보면 조명 하나 때문에 외면당하는 맛집들도 꽤 있다.

강연을 다니면서 자신이 운영하는 식당에 식사를 하러 오라는 초대를 많이 받았다. 그렇게 초대를 받아 한 식당을 방문했을 때의 일이다. 식탁 위에 엄청난 양의 아귀찜을 내려놓은 사장님이 옆에 슬그머니 다가앉더니 이렇게 물었다.

"부엌에서 보면 엄청 맛있어 보이는데 이상하게도 손님상에 놓으면 그 느낌이 안 살아요. 도대체 이유를 모르겠어요. 물론 답을 알고 계시겠죠?"

습관적으로 고개를 들어 식당 위를 둘러보았다. 예상대로 문제는 조명이었다. 푸른빛이 도는 형광등도 문제였지만, 조명의 높이가 너무 높았다. 식탁과 천장 조명 사이의 거리가 어림잡아 2m는 더 되어 보였다. 부엌으로 가서 보니 거기서는 음식과 조명의 거리

76cm 높이의 조명은 사람들을 음식에 좀 더 가까이
다가가게 만들어 음식의 향까지 진하게 느낄 수 있게 한다.
음식을 입으로 가져가기 전에 향부터 맡으니 음식 맛도
두 배 더 좋아진다.

가 1.2m쯤이었다. 앉아서 식사하는 좌식 식탁이 놓인 홀과는 달리, 서서 요리하는 주방의 조리대는 높이가 훨씬 높다. 그런데 손님들이 식사하는 홀과 음식을 조리하는 주방이 한 공간 안에 있어 조명의 위치가 같았던 것이다. 당연히 홀 식탁보다 주방 조리대가 천장 조명과 80cm 더 가깝고, 그만큼 더 조명을 잘 받으니 음식이 더 맛있어 보인다. 그 높이의 차이가 많은 것을 달라 보이게 만들었다. 아귀찜을 맛있게 보이게 하려면 그 위에 깨소금이나 고명이 아니라 조명을 뿌렸어야 했다.

나는 식탁 위에 추가 조명을 설치하라고 제안했다. 70~90cm 높이에서 음식을 직접 비추도록 말이다. 색온도는 노란빛이 도는 3000~3800K 정도면 좋을 거라고도 했다. 그렇게 바뀐 식탁 위에 올라간 음식은 그 전과는 전혀 다른 음식으로 보일 것이다.

조명 아래 추억이 모인다

76cm 효과는 단지 음식 자체를 맛있어 보이게 하는 역할에만 그치지 않는다. 조명이 낮아지면 사람들은 자연스럽게 조명 아래로 몸을 기울이게 된다. 가까이에서 얼굴을 보고 눈을 마주치며 음식을 먹게 된다. 더 큰 친밀감을 느끼고 더 많은 이야기를 나누게 되는 것이다. 맛있는 음식과 더불어 은은한 조명 아래에서 오고 간 많은

이야기는 그곳에서 보낸 시간을 매우 행복하게 기억하도록 만든다. 76cm 높이의 조명이 손님들에게 추억까지 선사하는 것이다. 그리고 이 추억은 다시 가게를 찾게 해주는 가장 강력한 무기가 된다.

EBS 〈다큐 프라임〉 '맛이란 무엇인가−2부 맛의 기억' 편에는 벨기에 출신의 만화가이자 애니메이션 감독 융 헤넨(Jung Henin)의 애니메이션 〈피부색깔=꿀색〉의 한 장면이 나온다. 쌀밥에 타바스코 소스를 뿌려 먹으며 매운맛에 집착했던 자신의 모습을 그려낸 장면인데, 이는 다섯 살 때 한국에서 벨기에로 입양된 그가 한국어는 잊어버렸지만 한국 음식의 매운맛은 결코 잊지 못했음을 보여준다. 융 헤넨 감독에게 한국에서의 추억은 매운맛으로 기억되고 있는 것이다. 『추억의 절반은 맛이다』라는 음식 에세이를 쓴 박찬일 셰프는 맛이 추억과 긴밀하게 연결되어 있음을 이야기한다. '맛의 기억' 편에서 그는 어릴 적 어머니와 함께 다니던 냉면집으로 시청자를 안내하는데, 한입 가득 냉면을 밀어 넣고 훌훌 넘길 때의 시원한 목 넘김은 평생 기억하는 맛의 추억이다.[3]

맛은 오감 중 미각의 영역인 것만 같지만 실제로는 후각, 시각, 촉각, 청각이 모두 영향을 미친다. 그중 강력하게 연결되어 있는 건 단연 후각이다. 매운 음식의 냄새만 맡아도 침이 고이지 않던가? 그리고 음식의 향은 특정 상황과 함께 머릿속에 기억된다. 어린 시절 한 장면으로 저장되었던 맛과 향의 정보는 당시의 상황과 맞물려 잊을 수 없는 추억이 된다. 그러니 맛을 기억으로 만들기 위해

은은한 조명 아래에서 오고 간 많은 이야기는
그곳에서 보낸 시간을 매우 행복하게 기억하도록 만든다.
다시 오고 싶은 장소가 된다.

서는 향을 제대로 느끼게 하는 것이 중요하다. 76cm 높이의 조명은 사람들을 음식에 좀 더 가까이 다가가게 만들어 음식의 향까지 진하게 느낄 수 있게 한다. 음식을 입으로 가져가기 전에 향부터 맡으니 음식 맛도 두 배 더 좋아진다. 그리고 그 향은 즐거운 이야기꽃을 피우는 상황을 더욱 단단하게 붙들어 훗날 그 시간을 더 소중하게 추억하도록 해준다.

이제 음식을 먹는다는 건 한 끼를 때우는 일이 아니라, 맛으로 저장되는 추억을 만드는 일이 되었다. 그러니 음식을 나누는 매장이 어떤 공간으로 바뀌어야 할지에 대해서도 더욱 세심한 주의가 필요하다. 패스트푸드점에서 후다닥 음식을 먹고 빠져나온 경험이 소중한 추억이 될 수는 없을 것이다. 음식의 맛이 기본이지만, 그것만큼이나 음식 먹는 시간을 행복하게끔 해주는 것도 중요하다. 그리고 이 행복을 느끼게 해주는 행동 설계가 필요하다. 이를 위한 가장 간단하고 효과적인 방법이 음식 가까이에 조명을 다는 것이다. 낮게 달린 조명이 고객들에게 추억을 만들어주고 식당을 기억하도록 만들어줄 것이다.

음식만이 아니다. 조명은 다양한 상품의 가치를 상승시키는 데 지대한 영향을 미친다. 조명의 중요성을 이야기하면 조명의 디자인을 생각하는 경우가 많다. 값비싸고 화려한 조명은 사람의 눈을 끌겠지만, 그것만으로 제 역할을 해낸다고 오해하지 말자. 업종이나 상품에 맞는 스타일의 조명을 선택해 적절한 높이와 각도로 빛을 연출하는 계획을 세우자. 조명 기구의 디자인까지 고려하면 좋겠지만, 그보다는 상품의 장점과 가치를 부각시키는 빛의 각도와 높이가 우선이다. 너무 화려한 디자인의 조명이 상품에 집중되어야 할 시선을 도리어 빼앗을 수도 있다.

조명 연출만으로도 평범한 공간을 아주 특별한 공간으로 만들 수 있다. 젊음과 활기를 되찾게도 할 수 있고, 추억을 선사할 수도 있다. 내가 만들고 파는 물건이 사랑받을 가치가 있는 것임을 고객들이 분명히 알아차릴 수 있도록 빛을 쓰자. 조명은 단순히 공간을 밝혀주는 물건이 아니다. 그것은 공간을 좋아 보이게 만드는 비밀 병기다.

10리를 걷게 만드는
동선의 비밀

고객을 계속 머물게 하는 '섬 진열'

아무 생각 없이 건물 안을 걷도록 배치한 것 같아도
그 안에는 철저히 계획된 것들이 숨어 있고, 스스로 지갑을 열게 만든다.
은밀하고도 자연스럽게 지갑을 열게 하는 장치,
과연 어떤 것들이 있을까?

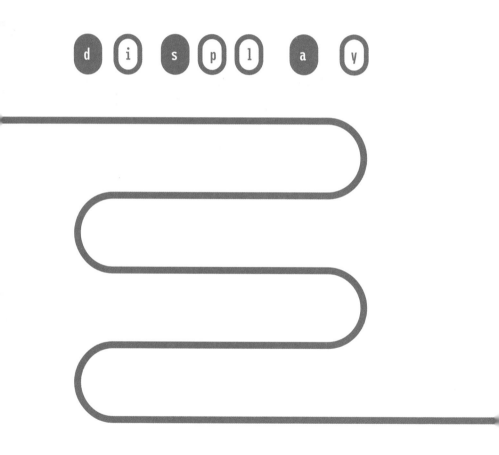

10리를 돌아다녀도 발이 안 아픈 이유

마트나 쇼핑몰에서 평균 두 시간 쇼핑을 하는 고객들은 몇 km나 걸을까? 한 통계에 따르면 평균 4km, 그러니까 약 10리나 되는 긴 거리를 걷는다.[1] 다양한 종류의 유통기업에 근무하는 동안 나는 발병 난 고객을 거의 보지 못했다. 심지어 그들은 그 피곤한 일을 덜 피곤하게 느끼고, 지루해할 틈도 없어 했다. 집에 돌아오면 다리가 아프다고 느끼지만, 정작 쇼핑할 때는 피로를 느끼지 못한다. 그렇다면 왜 고객들은 발병이 나지 않는 걸까? 이런 일이 어떻게 가능할까? 마트라는 공간에 사람들로 하여금 10리를 걷게 만드는 비밀이 숨어 있기 때문이다.

대형마트의 상품진열은 우연의 결과물이 아니다. 치밀한 연구와 계산을 바탕으로 설계된 것이다. 예를 들어 이마트에는 MSV(Merchandising Supervisor)라는 전담 부서가 있는데, 여기 소속된 전문인력이 고객의 심리와 행동유형을 분석해 새로운 상품이 출시될 때마다 효과적인 진열 방법에 대해 논의한다. 필요하면 고객 뒤를 따라다니며 동선을 확인하고 전체적인 레이아웃을 조정한다. 우리가 미리 쇼핑 목록을 만들고 알뜰 쇼핑을 다짐해도 계획에 없던 상품을 장바구니에 집어넣게 되는 데는 이런 이유가 있다.

마트라는 공간을 한번 살펴보자. 우선 입구에서부터 사람의 기분을 좋게 해주고 계절의 변화도 알려주는 과일 매대가 있다. 이 과일 매대를 지나면 주 통로로 접어든다. 예전에는 주 통로의 너비가 쇼핑카트 두 대가 겨우 교차해 지나갈 정도였지만, 요즘은 쇼핑카트 세 대가 지나갈 수 있을 정도로 넓어졌다. 고객들이 양쪽에서 쇼핑을 하고 있어도 그 사이를 별 어려움 없이 지나갈 수 있다. 그러나 넓은 공간과 통로 덕분에 쇼핑할 때의 스트레스는 줄었지만, 한 매대에서 다른 매대로 이동할 때 걷는 거리는 그만큼 늘어났다. 이렇게 넓은 주 동선과 골목 사이를 쇼핑하는 일에는 생각보다 많은 에너지가 소모된다. 이 넓은 매장을 다 둘러볼 엄두가 나지 않을 수 있다. 때문에 마트는 매장 구석구석을 둘러보게 만드는 비장의 무기들을 곳곳에 숨겨둔다.

10리를 걷게 만드는 비장의 무기는 바로 '섬 진열'이다. 마트는 넓은 통로 사이에 고객들이 좋아하는 보물섬을 징검다리처럼 만들어놓는다. 가장 쉬운 예로, 모든 고객들이 좋아하는 '원 플러스 원(1+1)'이라는 섬이 있다. 그리고 여섯 걸음쯤 더 걸으면 '오늘 하루만 특가' 행사를 하는 커피믹스 섬이 있다. 커피믹스 상자에는 세련된 무늬의 텀블러까지 붙어 있고, 커피의 유통기한도 1년 이상 남

넓은 매장을 계속 걷게 만드는 비법은 바로 '섬 진열'이다.
마트는 넓은 통로 사이에 고객들이 좋아하는 보물섬을 징검다리처럼
만들어놓는다. 이 섬과 섬 사이의 거리는 여섯 걸음이 적당하다.

았다. 지난주에 산 것도 있지만 새로 사더라도 유통기한 안에 다 먹을 수 있을 것 같고, 사은품까지 주니 계획에 없던 물건이었다 해도 쇼핑카트에 담는다.

이처럼 매장 곳곳에 있는 섬에는 특별행사 상품이나 사은품이 붙어 있는 보물들이 가득하다. 고객들은 꼭 사야 할 것들을 찾아 돌아다니면서도 군데군데 있는 섬들에 시선을 빼앗긴다. 이처럼 여섯 걸음 사이에 있는 섬에서 섬으로 옮겨 다니다 보면 피곤한 줄 모르고 쇼핑을 즐기게 된다.

이렇듯 대형 쇼핑몰은 지갑이 열리도록 계획적이고 치밀하게, 그리고 고객이 전혀 눈치채지 못하도록 많은 장치들을 준비한다. 사람들은 주도적으로 쇼핑을 하고 있다고 생각하지만, 실은 전문가들이 철저히 분석하고 계획한 대로 움직이는 것이다.

고객은 섬과 섬을 건너면서 구매를 일으킨다

그렇다면 이 섬 진열은 어떤 원리에 따라 만들어질까. 섬 진열은 사람들이 걸어 다니는 통로에 별도 매대를 마련하는 것인데, 이 별도 매대는 징검돌처럼 배치되어 있어 섬을 따라 이동하게 하는 것만으로도 많은 소비를 유도할 수 있다. 섬과 섬 사이의 거리는 보통 여섯 걸음 정도이다. 중요한 점은 고객의 흥미를 끌기 위해서는 첫 번째 섬에 있을 때 맨 끝 섬까지 다 보여야 한다는 것이다. 가운데 통로에서 섬 진열이 제대로 보이지 않고 주 통로의 고정 진열만 보인다면, 고객은 징검다리가 더 이상 없다고 생각하고 건너가지 않는다.

또한 각각의 섬에는 그것만의 특징과 개성이 있어야 한다. 섬에 매력이 없다면 다음 섬으로 이동하려는 마음이 줄어들 것이다. 그러니 특히 맨 앞에 있는 섬은 각별하게 더 정성을 들여 꾸며야 한다. 그리고 섬이 너무 크면 그 섬에만 머무를 수 있으므로, 다른 섬들과 조화를 이루도록 섬 크기를 조정해야 한다. 섬의 크기는 가로세로로 1m면 적당하다. 상품을 진열할 수 있는 양에는 제한이 있겠지만, 섬 진열의 목적을 이룰 수 있는 물품을 진열하는 데는 아무 문제가 없다.

섬 진열은 고객의 기분을 유쾌하게 만들어주고 쇼핑을 지루하지 않게 해주는 최상의 도구다. 그러니 깔끔하고 질서정연한 느낌보다는 약간 어수선하고 여기저기 뒤섞여 있는 듯한 느낌을 주는 것이 좋다. 그러면 벼룩시장이나 새벽시장처럼 활기차 보이고, 잘 고르면 굉장한 이익을 얻을 수 있을 것 같은 환상을 심어줄 수 있다. 하지만 모든 섬들을 복잡하게 만들어버리면 공간 전체가 난잡하게 느껴질 수 있으니 적당한 균형감을 잘 유지하는 것이 좋다.

하나의 테마를 정해 스토리를 이어주는 방법도 가능하다. 예를 들어 추위가 시작된다고 하면 첫 번째 섬에는 가격이 저렴하고 손이 가기 쉬운 수면양말을 놓고, 다음 섬에는 무릎담요, 그다음 섬에는 가벼운 이불 종류를 배치하는 식이다. 이렇게 섬들이 하나의 주제와 스토리로 연결되어 있으면 서로 시너지 효과를 내서 지금부터 추위에 대비하는 물건을 사야 한다는 메시지를 강하게 전달할 수 있게 된다. 예를 들어 김장철에 김치냉장고를 많이 팔고 싶다면, 김치냉장고까지 고객을 끌어들이기 위해 앞쪽에 두어 개의 섬을 마련해 고무장갑, 비닐장갑, 믹서기, 김장통 등의 물품을 진열할 수 있다.

이런 식의 테마는 다양할수록 좋다. 앞서 소개한 계절상품 외에도 각종 특가 상품, 재고처리 상품, 재치 있는 상품 등 다양한 테마로 섬 진열을 할 수 있다. 한 섬에 품목 수가 많아도 좋다. 다양한 품목이 고르는 즐거움을 주기 때문이다. 같은 물건을 가득 쌓아두는 것보다 다양한 품목을 진열하는 것이 훨씬 효과적이다. 한파 대비 상품으로 수면양말 섬을 준비했다면 그 안에 양말의 길이, 색깔, 형태 등이 제각각인 상품을 진열해서 고객들에게 고르는 재미를 주는 것이 좋다. 여기서 한 가지 조언을 더 하자면, 시즌을 알리는 섬 진열의 경우 '볼륨감'을 줘야 한다. 다양한 상품이 가득 쌓여 있어야 마치 종합선물세트를 받은 것처럼 마음이 들뜬다.

섬 진열 시 무엇보다 중요한 건 가격 부담이 적은 물품을 놓아야 한다는 것이다. 계획에 없던 상품을 충동적으로 구매하도록 유도하는 게 주목적이기 때문이다. 만약 고가의 상품을 둔다면, 할인 폭이 엄청 커서 무조건 사두는 게 이익이라는 느낌을 강하게 주어야한다. 만약 그런 고려 없이 비싼 상품으로 섬을 진열하면 매장 내부에 있는 물건들이 전체적으로 다 비싸다는 분위기를 만들고 만다. 그렇게 되면 고객들이 매장을 다 둘러보려 하지 않을 수도 있다.

이러한 섬 진열이 어렵게 느껴진다면 기본적인 것만 기억해보자.

입구에 시즌을 보여주는 섬을 만들자

고객이 처음 들어와서 마주하는 섬에는 계절, 기념일 등이 연상되는 것을 놓자. 시즌을 보여주면 새로운 구매욕이 생겨난다.

여섯 걸음 사이에 섬을 놓자

섬과 섬 사이의 거리가 너무 멀면 효과가 없다. 매장 전체에 섬을 흩어 놓으면 섬이 연결되지 않는다. 여섯 걸음 내로 섬을 놓아 고객들이 매장 안쪽으로 들어오게 만들자.

실제 매출이 나올 수 있는 물건들로 채우자

섬 진열을 판촉물이나 멋있어 보이는 물건으로 채우는 경우가 있다. 그렇게 되면 고객들이 섬 진열 전체를 장식품이 모여 있는 것이라고 인식하고, 다른 섬으로 이동하지 않는다. 할인폭이 큰 제품이든 최근에 사람들이 가장 많이 사는 제품이든, 실제로 매출을 발생시킬 제품들을 놓아서 섬 진열에서 이익을 얻었다는 느낌을 받도록 하는 게 중요하다.

사람들이 쇼핑하기에 좋은 동선은 어떻게 만들까

섬 진열이 필요한 곳은 마트뿐만이 아니다. 어느 매장이든 매력적인 섬이 앞에 나와 있으면 사람들을 쉽게 안으로 불러들일 수 있다. 이런 답답함을 호소하는 사람들이 있다.

"고객이 안으로 들어오지도 않고 매장 입구에 서서 그냥 한번 휙 둘러보고 가버려요. 안쪽에도 괜찮은 상품이 많은데 왜 들어와서 보지도 않는지 모르겠어요. 구매 안 해도 괜찮으니 그냥 둘러보라 해도 안으로 들어오지 않아요."

그 이유는 무엇일까? 매장 입구에서 첫 번째 보물섬까지의 거리가 너무 멀기 때문이다. 고객이 매장 안으로 들어가려면 심리적 완충장치가 필요한데, 섬 진열이 그 역할을 해준다. 매장 입구에서 여섯 걸음 이내에 특가 상품, 할인 상품, 원 플러스 원 등 고객이 흥미를 가질 만한 섬들을 배치해보자. 그러면 고객들은 그 섬 때문에 매장에 들어왔다가, 매장 전체를 둘러보며 자신에게 더 필요한 제품

섬 진열은 어릴 적 징검돌을 건너는 것처럼 고객의 기분을 유쾌하게 만들어주고
쇼핑을 지루하지 않게 해주는 최상의 도구다. 그러니 깔끔하고 질서정연한 느낌보다는
약간 어수선하고 여기저기 뒤섞여 있는 듯한 느낌을 주는 것이 좋다.

을 찾게 된다.

이때도 공간의 동선 설계가 잘되어 있다면 고객이 조금 더 오래 매장에 머물며 모든 상품을 하나씩 확인할 것이다. 이는 바로 매출 향상으로 이어진다. 이제 유기적이고 원활한 동선을 만드는 몇 가지 팁을 알아보자.

1. 고객의 구매 패턴을 파악하라

고객은 매장에 들어와 상품을 구매할 때까지 일련의 구매 패턴에 따라서 움직인다. 요약하자면 내점 → 관찰 → 발견 → 비교 → 확신 → 구매의 패턴이다.

매장 방문을 유인하기 위해선 우선 찾는 매장이 어디에 있으며 어느 통로를 거쳐서 가면 좋은지 고객이 쉽게 알 수 있어야 한다. 방문 목적이 없던 고객까지 끌어들이려면 매장 밖에서도 잘 보이는 보물섬을 설치해야 하는데, 이때 섬이 입구를 막아 통행에 방해되지 않도록 유의해야 한다. 매장 입구가 좁고 지저분해 보이면 관찰 욕구를 떨어뜨리기 때문이다. 매장 내 분위기와 상품이 어느 정도 잘 보이되, 드나드는 고객 수를 예상하여 입구의 폭을 충분히 확보해두어야 한다.

넓고 깔끔한 입구를 통해 고객이 들어오면, 그다음에는 제품을 집중 관찰할 수 있도록 고객에게 시각적으로 방해가 되는 요소를 제거해주어야 한다. 깨진 타일이나 밀착되지 않은 카펫 등이 고객의 주의를 빼앗지 않도록 살피자. 또한 고객이 원하는 상품이 어디에 있는지 쉽게 알려줄 수 있도록 상품 분류도 명확하게 해두어야 한다.

그다음에는 고객이 걸으면서 자연스럽게 진열대를 돌아보게끔 해서 체류 시간을 늘려야 한다. 그러기 위해 매장의 주 통로와 연결 통로는 적절한 폭을 유지하고 일정한 간격마다 볼거리를 연출하자. 통로가 꺾이는 부분도 세심하게 신경 쓴다. 여기에서 볼거리란 각종 행사 상품이나 갓 출시된 신제품 등 고객이 특별히 관심을 가질 법한 상품을 말한다. 사각지대를 없애 고객이 매장 구석구석을 찾아다니게 만드는 것도 효과적인 방법이다. 어느 매장이든 고객 눈에 띄지 않는 구석진 공간이 있는데, 이런 사각지대에 밝은 조명을 설치하면 고객을 쉽게 유혹할 수 있다. 사각지대까지 효율적으로 활용하면 매장 전체의 면적을 더 넓게 사용할 수 있을뿐더러, 고객이 매장에 더 오래 체류하도록 만들 수 있다.

상품들을 보기 쉽게 진열하는 것도 중요하다. 예를 들어 통로에서 볼 때 낮은 진열대부터 높은 진열대 순으로 배치하면 여러 상품이 한눈에 들어온다. 고객들이 관심 상품을 쉽게 발견할 수 있도록 POP 광고를 설치하는 것도 좋다. 관심 상품을 발견한 고객이 해당 상품을 다른 상품들과 꼼꼼히 비교해볼 때 물건을 쉽게 들었다 놨다 할 수 있도록 배려하는 것도 중요하다. 너무 깔끔하게 정리정돈 매장의 연결 통로는 하굣길의 골목길처럼 '유혹의 길'이 되어야 한다.
그 길로 들어가고 싶은 충동을 일으켜야 한다.

하면 보기에는 좋아도 만지기는 부담스러울 수 있다. 그렇게 이 상품 저 상품 눈으로 보고 손으로 만지며 비교하다가 해당 상품이 더 좋다는 확신이 든다면 결국 그것을 구매할 것이다.

2. 골목길로 유혹하라

기본적으로 고객이 다니는 통로의 기능이 중요하다. 주 통로는 매장에서 팔고사 하는 주력 상품과 연결되어 있어야 하며, 연결 통로는 부차적인 상품과 연결되어 있어야 한다. 비유하자면 중심을 지나는 대로가 주 통로, 그 옆에 나 있는 골목길이 연결 통로다. 어릴 적 학교가 끝나고 집으로 돌아가면서 샛길로 빠져본 경험이 많이들 있을 것이다. 큰길이 있는데도 좁은 골목길이 궁금하고, 그래서 그 길로 들어가고 싶은 충동이 일기 때문이다.

매장의 연결 통로도 하굣길의 골목길처럼 '유혹의 길'이 되어야 한다. 유혹의 길 입구는 바로 매대의 양쪽 끝 진열대다. 업계에서는 이를 '엔드(end) 매대'라고 부르는데, 마트에서도 엔드 매대의 매출이 다른 매대에 비해 서너 배 정도 더 높다. 해당 코너의 얼굴과도 같은 엔드 매대는 고객들에게 연결 통로로 들어오라고 끊임없이 유혹한다. 주 통로를 지나던 고객이 엔드 매대를 쳐다봤을 때 그곳에 매력적인 상품이 있다면, 그 골목 안에 나를 이롭게 하는 상품들이 있을 거라 느낀다. 반대로 엔드 매대가 매력적이지 않으면 골목길로 들어갈 생각조차 하지 않는다.

　연결 통로가 골목길로서의 역할을 충실히 수행하게 하려면 반드시 좁아야 한다. 좁아야 유혹의 길이 될 수 있다. 만약 골목길이 넓고 탁 트여 있다면 어떤 느낌이 들까? 은밀함이 사라지면 궁금증도 사라지는 법이다. 연결 통로의 폭은 두 사람 정도가 지나다닐 만하면 충분하다.

3. 매장 입구는 오른쪽, 왼쪽?

　매장 입구는 어느 쪽에 있는 게 제일 좋을까? 입구 위치에 대한 의견은 분분한데, 왼쪽이냐 중앙이냐 오른쪽이냐보다는 도로나 주차장에 가까운 쪽이라든지 근처 대형 점포가 있는 쪽 등으로 고객의 접근 가능성을 가장 먼저 고려해야 한다는 의견도 있다. 하지만 이러한 조건들이 똑같다면, 분명히 더 나은 입구 방향이 있다.

　고객이 점원의 도움 없이 스스로 물건을 고르는 매장이라면 입구는 오른쪽에 두는 게 좋다. 고객들 중 더 많은 수를 차지할 오른손잡이들은 벽면과 진열대를 오른쪽에 두고 걸어야 쇼핑하기 편하기 때문이다. 그들은 왼손에 바구니와 물건을 들고 오른손으로 진열된 상품을 고른다. 그 반대가 되면 쇼핑 중 손을 계속 바꿔야 해서 불편할뿐더러, 왼쪽 심장이 바깥으로 노출되어 심리적으로 불안해진다.

마트에서도 엔드 매대의 매출이 다른 매대에 비해 서너 배 정도 더 높다.
해당 코너의 얼굴과 같은 엔드 매대는 고객들에게
연결 통로로 들어오라고 끊임없이 유혹한다.

그런데도 오래된 상점이나 전통시장에 가보면 매장 입구가 왼쪽에 있는 경우가 많다. 이런 동선 설계는 공급량보다 수요가 많아서 소비자보다 판매자가 우위에 섰던 시절에나 어울리는 것이다.

하지만 점원이 밀접하게 고객 옆에 붙어서 상품을 판매해야 하는 매장이라면 입구를 왼쪽에 두는 게 유리하다. 상품에 대한 접근성보다는 점원의 설명을 듣기 편한 것이 더 중요하기 때문이다. 고객은 자신의 오른쪽에 있는 점원의 안내와 도움을 받아 자신의 왼쪽에 있는 상품을 확인한다. 의류 매장이나 전자제품 매장 등의 동선은 모두 이런 식으로 이루어져 있다. 점원이 매대 앞에 자리를 잡고 판매하는 보석상, 안경점, 약국 같은 곳도 입구, 계산대, 주력 상품 진열대 등이 왼쪽에 있다. 그러면 판매자의 권위가 강화되어 그가 상품에 대해 더 전문적인 지식을 갖고 있다는 인상을 줄 수 있다.

이처럼 매장에서 판매되는 상품의 성격에 따라 입구를 오른쪽이나 왼쪽에 두면 되는데, 어떤 경우에도 입구를 매장 중앙에 두는 건 바람직하지 않다. 매장으로 들어오는 사람들의 시선이 양 갈래로 분산되기 때문이다. 그러면 둘러볼 생각을 하지 않고, 목적했던 상품을 찾아 그대로 직진하게 된다. 특정 상품을 구매하기 위해 매장을 방문한 고객이라 하더라도 자연스럽게 설계된 동선을 따라 매장을 둘러보다가 계획에 없던 상품까지도 구매할 수 있다. 이를 위해서는 고객이 가능한 한 방향으로 돌며 상품을 확인할 수 있게 만

고객이 점원의 도움 없이 스스로 물건을 고르는 매장이라면
입구는 오른쪽에 두는 게 좋다. 고객들 중 더 많은 수를 차지할 오른손잡이들은
벽면과 진열대를 오른쪽에 두고 걸어야 쇼핑하기 편하기 때문이다.

들어야 하는데, 입구가 중앙에 있으면 이러한 동선 설계가 굉장히 어려워진다.

물 흐르듯 자연스러운 동선을 만들려면

한 건물 안에 여러 매장이 들어가 있는 경우에는 동선 설계를 어떻게 해야 할까. 1990년대 중반만 해도 백화점의 모든 매장이 폐쇄형이었다. 같은 층에 있는 각각 브랜드는 독립적인 매장을 갖고 있고 다른 매장으로 이동할 수 있는 통로는 없었다. 우리 매장에 들어온 손님을 다른 곳에 빼앗길 수 없다는 일념으로 담을 높게 쌓아 교류를 차단했다. 당시만 해도 매장마다 자기만의 콘셉트가 따로 있으니 그렇게 하는 게 당연하다고 생각했다.

이후 매장과 매장 사이에 통로를 내는 곳들이 생겨났다. 고객들이 한 매장에 머물다가 다음 매장으로 이동하려면 매장 밖으로 나갔다가 다시 들어가야 하는 불편이 있고, 입어보고 그냥 나오는 것 자체가 미안해서 아예 매장에 들어가기를 주저하는 경우도 많았기 때문이다.

통로를 내는 데에 대한 거부감도 많았다. 내가 근무했던 한 백화점에서 같은 청바지 코너에 여러 브랜드를 오갈 수 있도록 통로를 내자는 아이디어가 나왔다. 그런데 고객의 편의를 위해 통로를 내자는 제안을 모든 브랜드가 반대하고 나섰다. 결국 백화점 측은 고객 설문조사를 실시했고, 이를 토대로 브랜드를 설득해 매장과 매장 사이에 통로를 하나씩 만들었다.

그 후 고객들은 자유롭게 여러 매장을 둘러보며 옷을 고를 수 있게 되었다. 놀랍게도 그 결과 모든 매장의 매출이 상승했다. 3개월 후 매출이 평균 20% 이상 상승한 것이다. 고객들도 쇼핑이 더 편해졌다며 좋아했고, 반대하던 브랜드들도 매출 상승으로 쾌재를 불렀다. 청바지 코너의 성공으로 다른 코너에도 통로를 내기 시작했다. 지금은 개방형 매장이 많으며, 같은 군의 상품끼리는 아예 브랜드별 경계를 없앤 곳도 많다. 고객의 동선을 최우선으로 고려하는 방향으로 공간 설계가 변한 것이다.

저가형 브랜드에서 시작된 이런 변화는 고가형 브랜드로도 확장되었다. 2014년 갤러리아백화점은 업계 최초로 매장 구분을 없앤 개방형 명품관을 오픈했다. 이는 기존 백화점의 획일적인 매장 구성과 동선을 파괴하는 혁신적인 시도로 평가받았다. 인테리어를 통일하고 카테고리별로 상품을 묶어서 백화점 전체가 하나의 브랜드처럼 보이도록 했다. 고객이 개별 브랜드가 아닌 갤러리아라는 하나의 브랜드를 찾아오도록 만든 것이다. 실제로 그곳을 찾아서 확인해보니 브랜드 로고가 잘 눈에 띄지 않고 동선은 물 흐르듯 자연스러웠다. 어떤 매장이든 편하고 자유롭게 드나들 수 있다. 매장 곳곳에는 거울과 소파를 추가로 배치해 마치 집에서 옷을 입어보는 듯한 안락함까지 제공한다. 이때 소파는 섬 역할도 하는 셈이다.

당시 갤러리아백화점 명품관은 리뉴얼 후 6개월 동안 매출이 12% 상승했다.[2] 이런 혁신적인 동선 설계는 다른 백화점에도 자극을 주어 다양한 변화를 이끌어냈다. 2015년에 개장한 현대백화점 판교점은 백화점이 너무 넓어 고객들이 많이 걸어야 하는 문제를 해결하기 위해 식품관을 유선형으로 구성했다. 직선형에 비해 낭비되는 공간은 많지만, 고객들의 시야에 더 많은 매장이 보여서 보다 구석구석 발걸음이 닿는다는 이점을 살린 시도였다.[3]

2021년에 여의도에 문을 연 '더 현대'는 서울 내 단일 규모로 가장 큰 백화점이다. 더 현대는 매장 면적 대비 영업 면적이 51% 수준으로, 평균 65% 수준인 기존 현대백화짐과는 달리 휴식 공간이 매우 많다. 공원을 통째로 안으로 옮겨놓은 것 같은 설계로 큰 화제를 모았다. 더 현대의 성공은 '리테일 테라피'라고 불리며, 자연친화형 쇼핑 공간으로 회자된다. 그러나 얼핏 볼 때는 확 트인 것 같은 이 공간에도 고객들의 동선을 세심하게 배려한 설계가 눈에 띈다.

더 현대를 실제로 가보면 공간은 널찍하게 보이나 고객들이 곳곳에 머물 수 있는 섬들이 많다. 이로 인해 '돌아다닐 엄두가 안 날 정도로 멀고 넓다'는 인상을 주지는 않는다. 사람은 이곳에서 저곳으로 옮겨 다닐 동선이 한눈에 들어오고, 가고 싶은 목적지를 발견하고, 그로 인해 계획을 세울 수 있을 때 오히려 더 적극적으로 움직인다. 그리고 자기가 머물면서 안정감을 느낄 수 있는 공간이 곳

사람들은 탁 트이고 넓은 공간을 좋아하긴 하지만, 중간중간 자신이
머물 수 있는 공간이 없다면 오히려 부담스러워한다. 전체 동선을 확인하고
자신의 다음 목적지를 확인하고 싶어 하는 욕구가 있다.

곳에 있어야 오래 머문다. 똑같이 천장이 높고 확 트인 카페라고 해도, 어떤 카페에는 사람들이 모여들고 어떤 곳에는 모여들지 않는다면 이런 차이가 있는 것이다.

동선 설계의 필요성을 쉽게 이해할 수 있도록 몇 가지 사례를 소개했다. 자연스러운 동선을 만드는 것은 매출을 상승시키는 데 매우 중요한 작업이다. 또한 매장만이 아니라 박람회, 전시회, 기념회 등 구매 행위와 관련이 없는 공간에서도 사람들이 다리가 아프다는 사실을 잊게 하기 위해 이러한 법칙을 응용한 동선을 짜볼 수 있다.

동선의 기본은 고객들이 오래 머물게 하는 것이다. 물론 즐거운 기분으로 머물게 해야 한다. 고객들이 매장 안으로 쉽게 들어와 진열되어 있는 상품 모두를 구석구석 살펴보고 구매할 수 있다면 얼마나 좋겠는가. 게다가 최근에는 온라인쇼핑몰이 많아지면서, 오프라인에서 진열을 잘해놓는 것만으로는 고객에게 선택받기가 힘들어졌다. 때문에 핵심 고객의 라이프스타일, 구매 성향 등을 분석하고 이를 반영하는 공간 설계가 중요하다. 섬 진열을 단지 고객을 유혹하는 미끼만이 아니라, 매장과 제품이 고객에게 전하고자 하는 메시지를 전달하는 기능으로 이해하고, 이를 구현하는 동선을 만드는 것이 필요하다.

물건을 갖고 싶게 만드는 16cm의 비밀

애플 매장에 가면 왜 무엇이든 만져보고 싶을까

정말 좋은 물건은 자기를 애써 내세우지 않는다.
자연스럽게 눈에 들고 자연스럽게 손에 잡힌다.
물건과 사람이 서로를 만지고 소통할 수 있게 하려면
어디에 어떤 각도로 놓아야 할까. 얼마나 간격을 두고 보여주어야 할까.

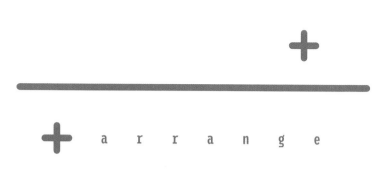

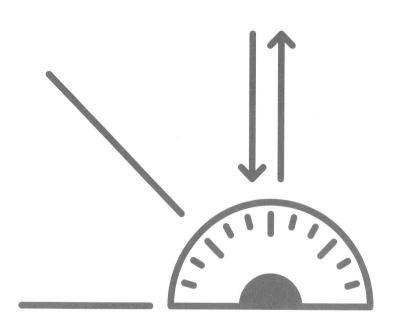

잘 정리된 카페에 사람이 앉지 않는다면?

명품관에 가면 모든 물건들이 멋있어 보인다. 도대체 뭘 골라야 할지 모를 정도로, 하나같이 다 갖고 싶다. 좋은 소재와 최고의 장인 정신으로 만들어진 명품 브랜드의 힘이기도 하지만, 비밀은 보여주는 방식에 있다. 상품을 권위 있게 보여주는 가장 쉬운 방법은 대칭을 사용하는 것이다. 진열 공간의 중앙을 기준으로 반을 나눠서, 두 개의 물건을 대칭으로 놓으면 안정감이 강조된다.

특히 그 브랜드를 오래 유지하고 있는 메인 상품인 경우, 직선을 활용한 진열이 신뢰감을 준다. 고객을 향해 직선으로 진열대를 놓고, 그 위에 직선 열을 맞추어 진열하면 대표성과 권위가 강조된다.

반면 직선과 달리 사선은 활동적이고 역동적이며 세련된 느낌을 준다. 사각형 테이블을 정면으로 똑바로 놓지 않고 사선으로 돌려 놓는 것만으로도 사람들은 신선함을 느낀다. 시즌용 제품의 경우 사선을 활용한 진열이 효과적이다. 예를 들어 휴가철 상품이나 크리스마스용 상품으로 사람의 시선을 끌고 싶다면, 테이블을 사선으로 놓고 그 위에 진열을 하면 훨씬 더 눈길을 끌게 된다. 똑같은 물건도 각도에 따라서 다른 느낌을 준다.

직선과 사선을 적절히 섞으면 안정감을 주면서도 활력 넘치는 공간으로 만들 수 있다. 예를 들어, 테이블을 직선형으로만 배치한 공간은 언뜻 잘 정리되고 깔끔한 것처럼 보이지만 긴장감을 주어 앉아 있고 싶은 마음이 잘 들지 않는다. 이럴 때는 몇몇 테이블을 사선으로 놓는다거나, 원형 테이블을 놓는 등 변형을 주는 게 좋다. 공간의 전체적인 느낌부터 상품을 보여주는 방식까지, 직선과 사선 중 어떤 배열을 강조하느냐에 따라 고객의 접근성이 달라질 수 있다. 직선과 사선도 중요하지만, 상품의 배열과 관련된 요소 중 가장 중요한 건 상품과 상품 사이의 간격이다.

비워야 잘 보인다

크게 이룬 것은 어딘가 모자라는 듯하나 그의 쓰임은 고갈되지 않는다. 가득 차 있는 것은 어딘가 비어 있는 것 같으나 그의 쓰임은 무궁무진 하다.[1]

노자의 말이다. 노자의 비움의 철학이 살아가는 데 중요한 덕목 이듯이, 사람의 마음을 끌어당기기 위해서도 '비움'의 원칙이 중요

오래된 대표 상품은 권위 있고 신뢰감 주는 직선으로,
시즌 상품이나 신상품은 활동적이고 세련된 느낌을 주는
사선으로 놓으면 그 특징이 더 잘 전달된다.

하다. 분명한 주제 색상, 적절한 빛, 계속 걷고 싶은 동선까지 제대로 맞춰놓았는데 그럼에도 좀처럼 사람들이 모이지 않는 경우가 있다면, 문제는 과다한 상품진열과 광고에 있을 가능성이 높다. 실제로 공급자 입장에서는 고객들에게 자신이 가진 모든 걸 다 보여주고 싶다. 하지만 그렇게 조금의 빈틈도 없이 꽉꽉 채워 보여주면 사람들은 오히려 외면한다.

정말 좋아 보이는 것들은 꽉 차 있지 않다. 약간 비어 있는 듯하면서 자연스럽다. 브랜드 디자인, 제품 디자인, 매장 인테리어 등에도 비움의 요소를 고려해야 한다. 상품 자체의 퀄리티도 중요하지만 사람과 브랜드, 사람과 상품 사이의 일체감이 더 중요해지는 현대 사회일수록 비움의 요소는 중요하다. 현대 사회로 올수록 디자인이 계속 단순해지고, 미니멀리즘이 유행을 이끌고 있다. 무인양품, 노브랜드와 같은 방식을 보면 편안함을 오래 느끼고자 하는 인간의 심리를 충분히 엿볼 수 있다.

공급이 중요하던 시절에는 온갖 상품과 광고로 요란하게 채우는 방식이 주요했다. 그중 대표적인 곳이 바로 스마트폰 매장이었다. 통신사에서 운영하는 대리점이든 제조사에서 운영하는 플래그숍이든 매장 안팎이 정신없는 건 지금도 매한가지다. 스마트폰은 다닥다닥 붙어 진열되어 있고, 그 옆에는 제품보다 훨씬 더 큰 광고 판촉물이 자신이 주인인 양 버티고 있기도 했다. 빈틈이 보이지 않을 정도로 많은 광고물과 판촉물 사이에서 정작 돋보여야 할 스마

정말 좋아 보이는 것들은 꽉 차 있지 않다.
여백의 미가 돋보이며 약간 비어 있는 듯 자연스럽다.

트폰은 소외된다. 그러나 이제 그런 시대가 지났다. 사람들은 자신들이 정말 듣고 싶어 하는 말이 아니면 반응하지 않는다. 오히려 자세한 설명을 하거나 요란한 광고물들을 '제품에 자신이 없어서'라고 느끼기까지 한다.

철학자 최진석이 쓴『인간이 그리는 무늬』라는 책에는 "하고 싶은 말을 안 할 수 있는 힘"에 관한 이야기가 있다.[2] 이 이야기를 읽으며 '내가 하고 싶은 말은 안 할 수 있는 힘'을 길러야 '상대의 행동'을 끄집어낼 수 있다는 생각을 했다.

상품을 보여줄 때도 마찬가지다. 판매자 입장에서는 가능한 많은 사람에게 자신의 모든 상품이 좋다고 말하고 싶어 한다. 될 수 있는 한 더 많은 상품을 보여주고 싶어 한다. 그러나 상품을 보여주는 방식도 결국 '소통'이다.

이제는 매장을 상품 진열장으로 생각하면 안 되고, 고객과 소통하는 공간으로 생각해야 한다. 고객과 소통한다는 건 고객이 충분히 들여다볼 수 있고, 가까이 갈 수 있으며, 만지고 체험하기 편해야 한다는 것이다. 그러려면 상품이 따닥따닥 붙어 있으면 안 된다. 이러면 눈으로 보기도 어렵고 손으로 만져보기도 어렵다. 누군가가 한 상품을 보고 있을 때 다른 고객이 그 옆에 있는 상품을 살펴보기도 불편하다.

고객과의 소통을 위한 최소한의 공간을 확보해주지 않으면, 매장은 물건이 가득 찬 창고와 다름 아닌 꼴이 되고 만다. 비움이 있어야 상품이 살아나고, 소통의 공간이 있어야 상품의 장점이 전달되어 결국은 매장의 가치가 올라간다. 이러한 사실을 믿고, 욕심을 내려놓을 줄 알아야 한다.

신체 조건을 이해하고 배려하라

조각 케이크 진열을 떠올려보자. 어떤 것은 커다란 홀케이크 상태에서 여러 개로 등분한 상태로 놓는 경우가 있고, 하나하나 따로 포장해 진열하는 경우가 있다. 어떻게 결정해야 할까. 여러 층으로 나뉜 진열대에 텀블러, 접시, 머그컵 등을 동시에 놓아야 한다면, 어떤 제품을 어떤 층에 올려두어야 할까.

이런 결정을 하기 위해서는 우선 상품에 대한 이해를 갖추어야 한다. 커피 주문 시 가볍게 케이크 하나 정도를 곁들여 사게 만들 것인지, 아니면 크기는 작지만 고급스러운 디저트를 맛보는 느낌을 주어 구매를 유도할 것인지를 생각해야 한다. 상품이 지닌 기능이 무엇이며 고객에게 어떤 부분을 어필하고 싶은가에 따라 진열하는 장소, 방법, 방향은 달라진다. 인간 신체의 조건을 이해하는 일 역시 중요하다. 무겁고 깨질 것 같은 사기로 된 머그컵이 진열장의 윗부분에 놓여 있다면 고객은 쉽게 손을 대지 못할 것이다.

그중 가장 기본은 쉽게 보고 만지고 선택할 수 있어야 한다는 것이다. 그러기 위해서는 적절한 '여백, 비움의 공간'이 필요하다. 이를 잘 반영하여 모든 기업의 모델이 된 곳이 바로 애플이다.

과거에는 디자인의 원칙으로 비움을 내세우는 경우가 흔치 않았다. 구체적인 내용으로 디자인을 채우는 것을 선호했다. 애플은 제품 디자인에 비움의 원칙을 적용해 혁명적인 변화를 이끈 대표적인 예다. 단순함과 절제미를 극대화해 사용자들이 아예 디자인을 의식하지 못할 만큼 제품에 집중하게 만들었다. 과거 애플의 최고 디자인책임자(CDO)였던 조너선 아이브(Jonathan Ive)는 "디자인이 사라져서 보이지 않는 것"을 궁극적인 목표로 삼았다고 한다.[3]

애플의 이런 지향점은 제품 디자인뿐만 아니라 제품을 판매하는 매장에도 적극 구현되었다. 애플 매장에서는 제품을 눈으로 보고 손으로 만져보는 고객을 배려해 제품 옆을 충분히 비워두는데, 제품과 제품 사이의 거리는 약 60cm다. 남자 평균 어깨 넓이가 45cm쯤 된다고 하니, 제품끼리 60cm쯤 떨어져 있으면 옆에 사람이 있어도 크게 신경 쓰지 않고 편하게 스마트폰을 만져보고 테스트해볼 수 있다.

제품을 진열대 모서리에서 16cm 떨어진 곳에 진열하는 것도 고객의 신체를 세심하게 배려한 결과다. 사람마다 조금씩 차이는 있겠지만 중지 끝부터 손바닥 끝까지의 길이가 16cm쯤 된다. 그러니 모서리에서 16cm쯤 떨어진 곳에 제품이 있으면 고객이 가장 편하게 제품을 만져볼 수 있다. 애플 매장의 진열 원칙에 대단히 복잡한 원리가 숨어 있는 게 아니다. 인간의 신체를 이해하고 그에 따라 고객을 배려한 것이다. 하지만 그 효과는 놀랍다.

제품마다 공간을 적절히 확보하는 일은 굉장히 중요하게 신경 써야 할 부분이다. 특히 접는 방법에 따라 크기와 형태가 달라지는 제품의 경우는 그 목적에 따라 다양하게 보여줄 수 있다. 예를 들어 넥타이 같은 제품은 더 꼼꼼하게 진열 공간을 체크해야 한다. 넥타이의 길이는 돌돌 말면 10~15cm, 세 번 접으면 38cm, 한 번 접으면 76cm가 된다. 보스(Boss)처럼 고객에게 넥타이의 다양한 색상을 강조하길 원하는 브랜드라면, 충분히 색상을 보여줄 수 있도록 최소한 76cm의 공간을 확보해 한 번만 접어 걸어두는 것이 좋다.

이렇게 목적에 맞게 제품을 보여주는 크기를 결정하고, 여기에 더해 고객이 상품을 편하게 집을 수 있게 하려면 추가적인 공간을 마련해야 한다. 넥타이 사이에 고객의 손이 들어갈 공간을 두어, 고객이 쉽게 만져보게 만들어야 한다. 화려하고 다양한 색상의 넥타이들이 쭉 걸려있다고 해도, 그 넥타이들이 다닥다닥 붙어 있다면 사람들은 눈으로 슬쩍 보고 지나칠 확률이 높다. 눈으로만 살펴본 상품과 직접 손으로 만져본 상품 중에 어떤 경우가 더 구매 확률이 높을까. 너무 당연한 질문일 것이다.

애플 매장에 진열되어 있는
제품과 제품 사이의 거리는 60cm 정도다.
제품을 진열대 모서리에서 16cm 떨어진 곳에
진열하는 것도 고객의 신체를 세심하게 배려한 결과다.

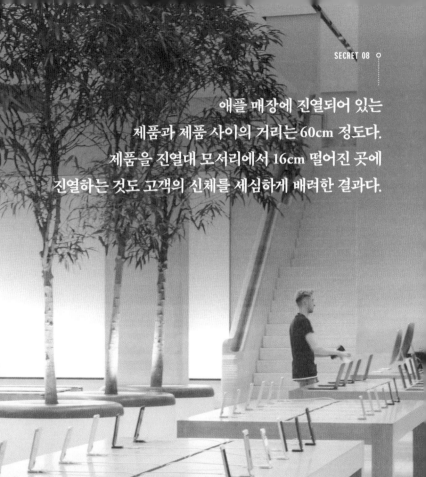

좋은 물건은 말이 적다

'비움의 원칙'을 적극 구현한 또 하나의 브랜드가 있다. 바로 무인양품(無印良品)이다. '상표 없는 질 좋은 물건'이라는 뜻의 무인양품은 상품에 브랜드 이름과 로고를 표기하지 않으며, 디자인도 비움과 단순함을 최우선으로 고려한다. 조금이라도 더 눈에 띄기 위해 화려한 색상과 형태로 고객을 유혹하는 타 브랜드의 상품과는 달리, 무인양품의 상품에는 화려한 색도 무늬도 없는 디자인이 많다. 심심해 보일 수 있지만 막상 물건을 집에 배치해보면 어느 곳에 둬도 잘 어울리며 깔끔하다. 화려한 디자인의 상품들이 정작 집에 가져가보면 조잡해 보이기 쉬운 것과는 정반대다.

무턱대고 단순함만 추구해서 좋아 보이는 것이 아니다. 무인양품은 각 상품의 기능에 대한 깊은 이해를 바탕으로 각 기능의 본질만 남기고 불필요한 모든 것을 빼버렸다. 그렇기 때문에 좋아보이는 것이다.

이런 제품들을 만들어내는 무인양품의 매장 역시 광고 판촉물을 최소화하고 매대와 매대 사이의 공간을 충분히 둔다. 그래서 고객들이 여유를 갖고 편안히 쇼핑을 즐길 수 있도록 되어 있다. 공급자 입장에서 일방적이고 과도하게 제공하는 정보가 없다.

말은 적지만, 인상은 강하다. 이것이 바로 애플 매장과 무인양품 매장의 공통점이다. 매장 내에는 광고 판촉물도 몇 개 되지 않을뿐 좋은 물건을 보여주는 곳의 공통점은 말이 적다.
광고가 많이 붙어 있지도 않고, 가격표나 할인 정도를 알려주는 표지판도 작다.
꼭 필요한 최소한의 정보만 전달할 때, 사람들은 더 눈여겨보게 된다.

더러, 있더라도 최소한의 정보만 간략하게 적혀 있다. 제품의 장점이나 이벤트 정보를 요란하게 떠벌리는 일도 없다. 이런 매장에선 오직 제품과 제품을 보러 온 사람이 주인공이다. 매장은 소비자가 제품과 충분히 교감할 수 있도록 설계되어 있다. 교감을 방해하는 그 어떤 것도 허락되지 않는다. 이런 매장에서 상품이 고객 눈에 좋아 보이는 건 당연지사다.

똑같은 물건도 어떻게 진열되느냐에 따라 가치가 있어 보이기도 하고, 없어 보이기도 한다는 것을 두 브랜드는 잘 알고 있다. 이제는 여러 기업들이 이 같은 전략을 사용하고 있다. 비단 대기업이나 명품만이 아니라, 일상적인 물건이라 할지라도 그 제품의 기능과 브랜드의 철학을 잘 보여주는 것에만 집중하는 진열이 필요하다.

내 제품을 좋아할 사람들이 어떤 취향인지를 파악하고, 사람들이 쉽게 만져보고 갖고 싶게 만들려면 얼마만큼의 공간이 필요한지를 생각하는 게 중요하다. 그렇지 않다면 아무리 애플과 무인양품의 진열을 흉내낸다 하더라도 어설퍼 보일 것이다.

'나만의 진열법'까지 만들어내는 게 힘들다면, 적어도 과도한 광고물은 치우는 것이 좋다. 또한 고객의 입장에서 볼 때 필요하지 않은 물건을 중심에 놓는다거나, 고객이 상품에 다가가는 데 방해가 될만큼 빽빽하게 상품을 진열하는 것만이라도 피하는 게 중요하다.

황금구역 100~140cm

앞에서 간격에 대한 이야기를 했는데, 그렇다면 높이는 얼마나 되는 게 좋을까. 대부분의 국내 백화점의 매대 높이는 82cm이다. 서 있는 고객이 매대 위에 눕혀져 있는 상품을 살펴보기에 가장 편한 높이다.[4] 2000년대 후반까지만 해도 매대 높이는 79cm였다. 고객의 평균 신장 변화에 대응하면서 매대 높이가 민감하게 변화해온 것이다. 고작 3cm의 차이처럼 느껴질 수 있지만, 그 작은 차이가 중요하다. 매대는 판매자 입장에서 관리하기 쉬운 높이나 형태가 아니라, 고객의 입장에서 보기 쉽고 만지기 쉬운 방식을 택해야한다.

백화점 매대 높이가 82cm라고 했지만, 어린이가 주로 찾는 상품이라면 어떨까. 당연히 어린아이의 시선에 맞춰 매대 높이가 더 낮을 것이다. 집에서 아이들이 책을 많이 읽게 하고 싶다면 아이들의 눈높이에 맞춰 책을 꽂아두면 좋다. 반대로 노년층이 주 고객인 상품들은 허리나 무릎을 굽히지 않고도 만져볼 수 있어야 하므로 절대 낮게 배치하면 안 된다.

여러 개의 층으로 구분되어 있는 진열대의 경우, 어떤 높이에서 가장 매출이 잘 일어날까. 매출이 높은 층은 따로 있다. 사람들은 자신의 눈높이부터 무릎 높이까지의 물건만 살펴보고, 그보다 낮거나 높은 위치에 있는 것은 특별한 경우가 아니면 거의 눈길을 주

100~140cm 높이에 진열된 상품이 가장 잘 팔린다.
그래서 이곳을 '황금구역'이라 부른다.

지 않는다. 그중에도 100~140cm 높이에 진열된 상품이 가장 잘 팔리는데, 그래서 이곳을 '황금구역'이라 부른다. 다양한 브랜드의 상품을 취급하는 마트의 경우 이 황금구역을 차지하기 위한 전쟁이 매번 벌어진다.

그렇다면 황금구역 이외의 공간은 쓸모가 없을까? 그렇지 않다. 진열대 가장 높은 곳은 멀리서도 이곳에 무엇이 있는지를 알려주는 프레젠테이션 공간으로 활용할 수 있다. 가장 아래층은 재고나 회전율이 떨어지는 상품을 쌓아두는 공간으로 활용할 수 있다. 또한 황금구역 바로 아래쪽, 즉 무릎부터 허리 사이 높이에 위치한 구역도 매출 효과가 충분히 크므로 황금구역과 더불어 주력 상품을 잘 진열해야 한다.

기본적인 매대의 황금구역은 100~140cm이지만, 매대의 어느 위치가 고객의 시선에 먼저 들어오는가는 매대와 고객 간 거리에 따라 달라진다. 고객이 멀리서 매대를 바라볼 때는 매대의 '위 → 중간 → 아래', 1~2m 앞에서는 '중간 → 아래 → 위', 아주 가까이서는 '아래 → 중간 → 위' 순으로 시선이 이동한다. 그러니까 매장의 크기, 매대 간 여유 공간 등에 따라 더 신경 써야 할 구역이 조금 달라질 수 있다.

그리고 매장 입구에서 가장 먼저 마주하는 매대의 높이를 반드시 확인해야 한다. 첫 번째 매대가 심장보다 높으면 고객이 불안감을 느껴 그곳을 회피한다. 전쟁터에서 덩치가 가장 큰 군인을 제일

앞쪽에 배치하는 이유도 상대에게 위압감을 주기 위함인데, 매장을 찾은 고객에게 그 같은 느낌을 주는 꼴이 된다. 즐거워야 할 쇼핑 공간에 공포감을 조성할 필요는 없다.

이는 마트와 같이 여러 제품을 진열하는 곳에만 해당되는 이야기가 아니다. 언젠가 어느 카페에 갔더니, 문을 열고 들어가자마자 바로 앞에 키가 큰 장식장이 놓여 있었다. 앤티크 스타일의 아주 멋진 장식장이었지만, 이렇게 되면 고객의 입장에서는 권위적이고 부담스러운 장소로 인식된다. '내가 여기 들어가도 되나?'라며 조심하게 되는 것이다. 마음 편하게 수다를 떨고 싶을 때 찾아가는 곳으로 느껴지지 않아, 다시 찾아갈 마음이 들지 않게 된다.

마찬가지로 매장 입구에서 가장 먼저 만나는 첫 매대는 물건을 진열한 후의 높이가 고객의 심장보다 높지 않도록 유의하자. 고객은 이 매장에서 무엇을 파는지, 나에게 이익이 되는 상품들이 어디에 있는지 매장 입구에서부터 한눈에 파악하고 싶어 한다. 입구에서 어디로 이동할 것인지 미리 알고 난 다음 움직이기를 원한다. 그런데 심장보다 높은 집기와 그것에 가려 보이지 않는 뒤쪽 공간은 고객에게 불안감을 증폭시켜 매장 밖으로 도망치게 만든다. 그러니 매장 입구의 매대는 낮게 하고 뒤로 갈수록 높아지게 해서 고객이 모든 매대를 볼 수 있도록 해야 한다. 가장 뒤에 있는 매대의 경우 상단에는 프레젠테이션 공간을 두고, 그 바로 앞 매대의 황금구역에 고객의 시선에 드는 제품을 진열하는 것이 가장 좋다.

왼쪽에는 할인 상품을, 오른쪽에는 비싼 상품을

높이에 따른 황금구역은 100~140cm이다. 그렇다면 좌우 위치에 따라서도 매출이 달라질 수 있을까. 이를 이해하려면 인간의 신체 구조에 대한 설명이 필요하다. 한쪽 눈의 시야는 150~160°, 양쪽 눈 시야는 180~200° 정도 된다. 두 눈이 공유하는 영역은 수직으로 약 60°, 수평으로 약 90°인데, 물체를 잘 보려고 초점을 맞추면 당연히 시야 각도는 더 좁아져 수직, 수평 모두 약 25°쯤이 된다. 쇼핑을 할 때는 대부분 양쪽 눈으로 초점을 맞춰 물건을 보기 때문에 이 영역 외의 공간은 시야에 잘 들어오지 않는다고 보면 된다. 그러므로 실제로 매출을 일으키는 상품들을 전략적으로 어떤 위치에 배치하는지가 매우 중요하다.

그렇다면 고객은 왼쪽을 많이 볼까, 오른쪽을 많이 볼까? 인간의 시선은 보통 왼쪽에서 오른쪽으로 움직인다. 그래서 왼쪽에는 눈길을 뺏을 수 있는 광고 이미지나 선명하고 화려한 색상의 상품을 두고, 오른쪽에는 기본 상품이나 평범한 색상의 상품을 두는 것이 좋다. 가격 측면에서도 왼쪽에는 할인율이 높은 상품을, 오른쪽에는 마진율이 높은 상품을 배치하는 것이 효과적이다. 화려한 색상이나 저렴한 가격에 시선을 빼앗겨 물건 가까이 걸어온 고객은 이후 시선을 천천히 오른쪽으로 이동하며 다른 상품과 비교를 하게 된다.

인간의 시선은 보통 왼쪽에서 오른쪽으로 움직인다. 그래서 왼쪽에는
눈길을 뺏을 수 있는 광고 이미지나 선명하고 화려한 색상의 상품을 두고,
오른쪽에는 기본 상품이나 평범한 색상의 상품을 두는 것이 좋다.

의류 매장이라면 왼쪽에 놓인 빨간 옷이 너무 예뻐 들어왔지만, 저걸 사서 몇 번이나 입을까 고민하던 고객은 그 오른쪽에 놓여 있는 회색, 검정색, 베이지색 등의 보다 무난한 색상의 옷을 본다. 그리고 결국 기본 색상의 옷을 고른다. 그러니 결국 팔리는 옷은 기본 색상의 옷이라 하더라도, 화려한 색상이 사람들을 불러 모을 수 있기 때문에 화려한 색상을 가장 왼쪽에 진열해야 하는 것이다.

유명 그룹 BTS가 입어서 화제가 된 '리슬'이라는 한복 브랜드가 있다. '한복 입고 여행 가자'라는 캐치프레이즈를 걸고 젊은 세대들의 취향에 맞게 일상복부터 파티복까지 다양한 디자인으로 변화를 준 멋진 한복들을 만든다. 전주에 있는 리슬 매장에 가보니 일상적으로 입을 수 있는 한복들을 전진 배치하고, 화려하고 멋지지만 일상에서 입기에는 부담스러운 옷들은 뒤에 배치해놓았다. 한복이 일상적인 의류는 아닌 만큼, 사람들이 쉽게 다가갈 수 있는 옷들을 먼저 보여주어야 매장 안으로도 들어오고 구매도 일어난다고 생각했던 것이다.

그러나 인간은 안정감을 추구하긴 하지만, 화제성과 모험성에 일단 이끌린다. 첫눈에 보았을 때 '와!'라는 감탄을 이끌어내야 그 다음에 안정적인 구매로도 이어지게 만들 수 있다. 그래서 리슬은 어떻게 했을까. 눈길을 끄는 과감한 디자인과 화려한 색깔의 옷들을 마네킹에 입혀 고객들이 먼저 시선을 두는 왼쪽에 배치했다. 오른쪽으로는 일상적으로도 입을 수 있을 만한 다양한 종류의 한복들을 옷걸이에 걸어 비교해가면서 고를 수 있도록 재배치했다. BTS가 입을 만큼 화제성이 높은 브랜드라는 점을 눈으로 보여주며 끌어들이고 '나도 한번 시도해보자'라는 마음이 들게끔 상품을 진열한 것이다.

최근 저렴한 가격의 자체개발(PB)상품이 인기가 좋은데, 이 상품들의 오른쪽에는 대체로 비싼 상품이 배치한다. PB상품의 저렴한 가격을 먼저 보게 한 다음, 오른쪽에 놓인 비슷한 상품이 더 비싸게 팔리고 있음을 확인시켜서 PB상품의 저렴한 가격을 더 강조하려는 의도다. 하지만 앞서 설명했듯이 왼쪽에 있는 상품이 시선을 먼저 끌 수는 있어도, 결국 시선이 더 오래 머무는 곳은 오른쪽이다. 그러므로 시선을 단번에 끄는 게 유리한지, 오래 머물게 하는 게 유리한지, 각 상품의 특성에 따라 전략적으로 좌우를 선택해 진열해야 한다.

홈쇼핑도 이런 원리를 적극적으로 활용한다. 대부분의 홈쇼핑은 방송 화면 왼쪽에 가격이나 상품 설명 배너를 단다. 가격이 저렴하다는 정보를 가장 먼저 보여줄 수 있기 때문이다. 사람들은 상품을 보기 전에 일단 가격이 싸다는 사실을 먼저 확인한 후, 기대감을 갖고서 시선을 오른쪽으로 돌려 상품을 확인한다. 오직 GS홈쇼핑만 화면의 오른쪽에 배너를 두는데, 여기에는 '우리는 가격보다 제품의 우수함을 먼저 보여주고 싶다'라는 의도가 있다. 실제로 가격 정보 등이 적힌 배너가 오른쪽에 있으면, 상품을 먼저 보고 쇼호스트의 설명을 좀 더 귀담아듣게 된다. 이런 점을 염두에 둔다면 가격이 비싼 상품을 판매할 때는 확실히 배너를 화면 오른쪽에 두는 게 유리하다. 처음부터 왼쪽 화면에 떠 있는 비싼 가격이 눈에 들어오면 상품을 보기도 전에 채널을 돌려버릴 수 있기 때문이다.

오프라인 매장에서 가격표를 붙일 때도 마찬가지다. 마트같이 저렴한 상품을 파는 곳에서는 상품의 왼쪽에 세일 가격을 보여준다. 하지만 명품 매장의 경우 절대로 가격표를 상품 왼쪽에 붙이지 않는다. 고객이 상품에 먼저 반한 후에 가격을 확인해야 '이렇게 멋지니까 이 가격이지!' 하고 보다 쉽게 그 가격에 수긍할 수 있기 때문이다. 가격표의 위치까지도 사람의 시선이 움직이는 방식에 따라 전략적으로 결정해야 한다.

비슷한 것끼리는 수직, 독보적인 것은 수평

여러 업종의 기업이나 매장들을 컨설팅하다 보면 아무런 원칙 없이 그저 공간을 빈틈없이 채우기에 급급한 곳을 자주 만난다. 우리 매장에 이렇게나 많은 상품이 있으니 어서 들어와서 좀 봐달라고 아우성을 치는 듯하다. 이런 매장에 가면 무엇부터 봐야 하는지 혼란스럽다. 그릇 매장을 예로 들면, 컵과 식기들이 일정한 기준으로 분류되어 있지 않고, 일정한 간격도 없어서 마치 하나의 큰 덩어

리처럼 보인다.

　그러나 모든 매장이 명품관처럼 물건을 적게 진열할 수는 없는 법이다. 물건을 빼곡하게 진열해야 하는 곳이라면 어떻게 하는 게 좋을까? 상품진열은 크게 수직진열과 수평진열로 구분할 수 있다. 그릇 매장의 경우를 예로 들어보자. 이 경우에는 수직진열이 효과적이다. 수직진열은 같은 종류의 상품을 매대의 아래위로 배치하는 진열 방법이다. 색상별, 패턴별, 디자인별로 상품을 분류해 세로로 길게 진열하면 된다. 시각적으로 가장 빠르게 인지되는 것은 색상이므로, 색상별로 분류해 수직으로 진열하는 것이 효과적이다.

　같은 색상에 다른 패턴의 상품이 있다면 패턴이 작은 상품을 위쪽에, 패턴이 큰 상품을 아래쪽에 배치하면 된다. 디자인이 다른 상품도 마찬가지로 아래위로 구분하여 진열할 수 있다.

　이런 식으로 진열하면 한자리에 서서 색상이라는 기준을 중심으로, 다양한 디자인과 다양한 상품을 한눈에 살펴보고 구매를 결정할 수 있다. 이렇게 쉽게 비교할 수 있도록 물건을 보여주게 되면, 원래 사려고 했던 상품 외에 그것과 관련된 다른 상품을 추가로 판매하는 데도 유리하다. 예를 들어 첫 번째 칸에 파란색 가방을, 두 번째 칸에는 파란색 운동화를, 세 번째 칸에는 가방 안에 들어갈 만한 노트와 펜을 수직으로 진열해보자. 파란색 가방을 사러 온 고객은 신발과 노트도 함께 사고 싶다고 생각할 수 있다. 고객은 단순히 물건만 보는 것이 아니라, 그 물건을 통해 상상이라는 것을 하게 되

시각적으로 가장 빠르게 인지되는 것은 색상이다. 따라서 색상별로 분류해
수직으로 진열하는 것이 효과적이다. 이때 색상이 다른 두 그룹 사이에
9cm 정도의 공간만 있어도 양쪽이 모두 살아난다.

어 있다.

파란색을 좋아하는 고객은 매대 앞에서 파란 가방을 메고 파란 운동화를 신고, 파란 노트와 펜을 꺼내며 분위기를 압도하는 멋진 자신의 모습을 상상할 것이다. 이렇게 컬러나 패턴의 수직진열은 고객이 순식간에 상품의 장점을 파악하고 상상할 수 있도록 만드는 진열법이다.

수직, 수평진열 방법과 관련된 내용은 아니지만, 유사한 색상별로 묶어서 보여주면 각기 다른 종류의 상품이어도 함께 보여줄 수 있다. 그로 인해 매장이 갖고 있는 상품의 수가 많은 것처럼 보이게 하는 효과도 볼 수 있다.

예를 들어 상품이 많지 않은 의류 매장이라면 스커트, 티셔츠, 블라우스 등 종류별로 상품을 분류해서 진열하는 것보다, 흰색 계열부터 짙은 색 계열까지 색상별로 상품들을 묶어놓으면 훨씬 좋다. 유사한 색이 모여 있으면 색상으로 고객의 시선을 끌어들이는 효과를 극대화할 수 있고, 동시에 매장이 보유하고 있는 의류의 개수가 훨씬 더 풍성해 보이는 효과를 얻을 수 있다.

이는 비단 오프라인 매장에서만 해당되는 게 아니다. 온라인 쇼핑몰 광고에서도 여러 상품을 보여줄 때 색상을 기준으로 유사한 상품을 모아두면 같은 색상이라는 기준 안에서 다양한 종류의 제품들을 비교하게 된다. 이는 다양한 상품을 보고 있다는 착각을 일으키게 한다.

예를 들어 파란색 계열의 카디건, 셔츠, 스커트, 원피스, 청바지, 자켓 등을 모아서 보여주면, 일단 동일 계열의 색상으로 인한 강렬함이 눈을 사로잡는다. 그 안에 여러 종류의 제품이 있다는 걸 알게 되면, 이 쇼핑몰에서 다양한 제품들을 마음껏 고를 수 있다는 심리를 만들어낼 수 있다.

수직진열 시 유의할 점은 진열된 상품의 그룹과 그룹 사이에 일정한 간격을 두는 것이다. 색상이 다른 두 그룹 사이에 9cm 정도의 공간만 있어도 양쪽이 모두 살아난다. 9cm는 고객이 자신의 손으로 자연스럽게 상품을 만져볼 수 있는 최소한의 간격이다. 매장에 오는 고객의 연령층이나 상품의 크기에 따라 간격이 더 넓어져야 할 때도 있지만, 최소한 이 정도의 공간도 없으면 고객은 상품의 홍수 속에서 심리적 부담을 느끼며 구매 욕구를 상실하게 된다.

잘 진열된 상품은 없던 구매욕도 자극한다. 어떤 그릇 매장은 상품을 다시 진열해 두 배 이상의 매출을 올렸다. 처음 갔을 때 그릇 가게에는 수많은 물건들이 빼곡하게 들어차 있었는데, 어느 곳은 색깔별로, 어느 곳은 종류별로 기준을 바꿔가며 정리되어 있었다. 진열 방식도 어느 곳은 수평으로, 어느 곳은 수직으로 되어 있었다. 이런 경우 어떻게 진열을 바꿔야 했을까?

앞에서 설명한 것처럼 멀리서도 한눈에 보고 비교할 수 있게 일단 색상별로 수직진열을 했다. 이때도 중요한 것은 그룹과 그룹 사이의 간격이었다. 이 간격을 지키는 것이 바로 '비움의 진열'을 실현

하는 것이다. 그 공간에 물건을 하나라도 더 둘 생각을 하지 말아야
한다. 9cm는 상품과 상품이 숨을 쉴 수 있는 최소한의 공간이다. 그
리고 고가의 제품들은 더 충분한 공간을 두고 진열하도록 했다. 그
렇게 진열을 바꾸고 나니, 매출이 두 배나 올랐다. 인테리어를 다시
한 것도 아니고, 없던 물건을 갖다 놓은 것도 아니다. 단지 상품을
재배열했는데도 매출이 두 배나 올랐다니 정말 신기하지 않은가.

인간의 심리는 비교를 원한다

인간의 심리는 언제나 비교를 원한다. 내가 고른 상품이 최선의
선택임을 확신하기 위해서는 다른 상품과의 비교가 필수적이다.
비교를 하려면 기준이 있어야 한다. 비교할 수 있는 기준 없이 아무
렇게나 진열되어 있으면, 무엇과 무엇을 비교해야 하는지 알 수 없
어 선뜻 상품을 고를 수 없다. 하지만 수직진열을 해놓으면 여러 상
품들을 한눈에 비교하는 것이 가능해진다. 이런 과정을 통해 고객
은 이렇게 많은 상품 중에서 최선의 선택을 할 수 있었다는 사실에
만족감을 느낀다.

그렇다면 수평진열은 어떻게 활용하는 게 좋을까? 인류는 수만
년 전부터 시야를 수평으로 넓게 확보하며 생존에 적응해왔다. 당
연히 수직보다는 수평으로 보는 시야가 훨씬 더 발달되어 있다. 그

상품을 한눈에 비교하기에는 수직진열이 유리하지만,
상품의 구체적인 기능을 꼼꼼히 확인하는 데는 수평진열이 유리하다.
대표적인 예가 전자제품 매장이다.

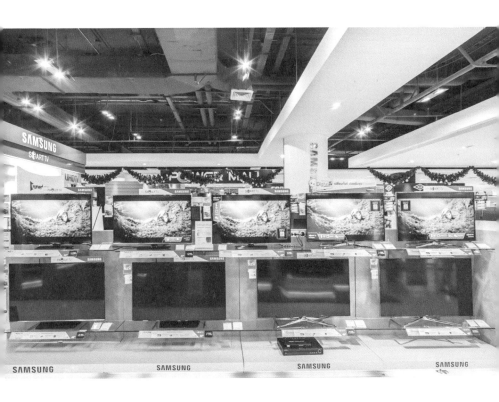

결과 수평진열은 상품 하나하나를 구체적으로 보여주는 데 효과적이다. 상품을 한눈에 비교하기에는 수직진열이 유리하지만, 상품의 구체적인 기능을 꼼꼼히 확인해야 하는 업종의 경우에는 수평진열이 유리하다.

때문에 고가의 상품, 같은 종류이면서 기능적으로 조금씩 다른 상품을 판매할 때 수평진열을 사용한다. 대표적인 예가 전자제품 매장이다. 전자제품 매장에 가면 비슷하지만 기능과 디자인이 조금씩 다른 TV, 전기밥솥, 노트북 등이 수평으로 넓게 쭉 진열되어 있는 것을 볼 수 있다. 이런 수평진열을 할 때도 하나의 선반 위에 같은 스타일의 상품을 일관성 있게 진열하는 것이 중요하다. 한 선반에 여러 스타일이 뒤섞여 있으면 비교하기가 어렵고, 각 상품의 세세한 가치를 표현하기 힘들기 때문이다. 이때도 상품과 상품 사이에 최소한의 공간을 확보하는 일이 여전히 중요하다. 수직진열에 비해 상품의 부피가 큰 경우가 많기 때문에 오히려 더 넓은 간격을 두고 진열을 해야 한다.

지금까지 상품의 진열 방식에 대해 살펴보았다. 그리고 기본적인 진열 원칙에 대해서도 설명했다. 수직진열과 수평진열의 기능을 살펴보았고, 상품과 상품 사이의 간격이 어떠해야 하는지에 대해서도 살펴보았다. 수직진열을 할 때도 상품과 상품 사이에 최소 9cm를 두어야 한다고 했고, 애플의 경우처럼 고객이 하나하나의 제품에 편안하게 집중하도록 유도하려면 16cm의 간격을 두어야 한다고 했다.

저렴한 제품은 간격을 좁게, 고가의 제품은 간격을 넓게 하는 게 기본이지만, 상품의 진열 방식은 가격, 크기, 부피는 물론 기업의 이미지, 브랜드 정체성에 따라 세밀하게 조정될 수 있다. 중요한 것은 같은 브랜드가 여러 매장을 운영할 경우에는 그 진열 방법도 같아야 한다는 것이다. 똑같은 화장품 브랜드인데 이쪽 매장의 진열법과 저쪽 매장의 진열법이 다르면 안 된다. 그런 점에서 진열 방식의 매뉴얼화가 중요하다.

진열 방식을 매뉴얼로 정해놓으면, 매장을 새롭게 인테리어 할 때도 큰 도움이 된다. 1990년대 백화점에서 근무하던 당시의 일이다. 그때만 해도 해외 화장품 브랜드의 위세가 압도적이었다. 그들은 시즌별 리뉴얼 공사도 빠르고 정확하게 진행해 새벽 2~3시면 작업을 모두 마무리했다. 개점 직전까지 작업했던 국내 브랜드들과 비교하면 놀라운 속도였다.

그 비결은 매뉴얼 북에 있었다. 모든 사람들이 매뉴얼 북을 한 권씩 들고 거기에 맞게 작업을 진행하고 있었다. 번호가 붙은 집기마다 자기 자리가 정해져 있었고, 사람들은 그것에 따라 집기를 옮기기만 하면 되었다.

'스타일 번호 L34875번 립스틱은 2번 집기 세 번째 칸에 10개 진열할 것.' '제품 그룹과 그룹 사이는 9cm의 간격을 유지할 것.' 이런 식의 구체적인 매뉴얼에 따라 맨 위쪽부터 아래쪽까지 빠르게 상품을 진열했다. 손가락 크기만 한 작은 제품들까지도 정확하게 몇 개를 얼마만큼의 간격으로 둬야 하는지가 모두 적혀 있는 그 매뉴얼은, 이 물건을 집을 고객의 움직임을 배려한 결과였다.

매장마다 위치도 다르고, 공간의 넓이도 다른데, 세세한 진열법까지 다 매뉴얼로 만들어야 하는지 의문이 들 수 있다. 고객의 마음은 갈대라고 한다. 하지만 갈대도 바람 부는 방향에 따라 움직인다. 고객은 특정 브랜드에 끌려 한 매장의 고객이 되며, 가던 곳을 또 가려는 경향을 보인다. 또한 자신도 모르게 허리 높이부터 눈높이 사이에 있는 곳에 눈길을 많이 주며, 그 시선은 왼쪽에서 오른쪽으로 이동한다. 그리고 충분한 공간이 있어야 편안하게 쇼핑한다. 이런 소비 패턴은 모두 사람들이 지닌 신체적인 조건에 따른 결과물이다. 그러니 물건을 잘 팔려면 인간의 신체 조건과 움직임으로부터 데이터를 얻어내고, 그 패턴을 반영해서 공간을 만들어야 한다. 그리고 사람들이 '나도 모르게 좋아서' 움직이는 행동의 습관을 만들어내야 매출은 물론 고객의 마음을 얻을 수 있다.

라이프스타일까지
바꾸는 가치의 힘

왜 물건을 포장해주지 않을까

"이건 살 만한 가치가 있다." 우리가 흔히 하는 이 말에 좋아 보이는 것의 결정적인 비밀이 숨어 있다. '살 만한 가치'라는 말을 바꾸면 '고객이 갖고 싶은 이 브랜드의 철학'이 된다. 그 철학은 분명히 전달되어야 한다. 전달되지 않은 철학은 아무 소용이 없다.

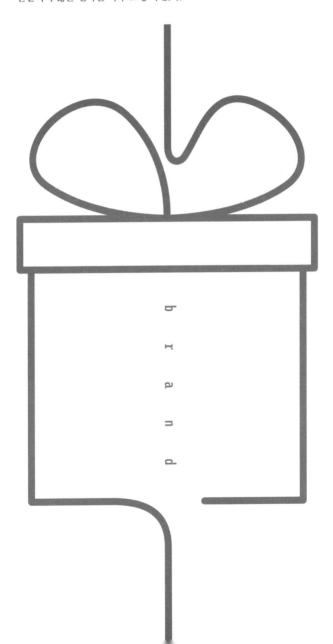

b r a n d

매장에 철학이 왜 필요할까?

우리는 살면서 여러 사람을 만난다. 어떤 사람은 단 한 번 만났는데도 인상이 분명히 남고 매력적으로 느껴지기도 하고, 어떤 사람은 분명 좋은 사람인 것 같은데 마음이 끌리지 않는 경우도 있다. 오래 알고 보니 '저 사람은 겉모습과 달리 정말 좋은 사람이다'라고 깨닫게 되는 경우도 있지만, 그런 경우는 흔치 않다. 그래서 우리는 상대에게 좋은 인상을 주기 위해 상황에 맞는 옷을 입고, 메이크업을 하고, 만날 장소를 신중하게 고르는 등의 노력을 한다.

그중 가장 좋은 건 '자기만의 스타일'이 분명하고 매력적인 사람이다. 자기만의 스타일에는 그 사람만의 인생관이 녹아 있는데, 반대로 생각하면 인생관이 분명한 사람일수록 자기만의 매력적인 스타일을 만들어낼 수 있다.

사람 사이의 사귐도 이런데, 스쳐 지나가는 이들의 마음까지 훔쳐야 하는 비즈니스의 영역에서는 더욱 그렇다. 우리는 앞에서 기본적으로 사람의 마음을 끌어당기는 비주얼 법칙들을 알아보았지만, 이 비주얼 법칙들이 효과를 발휘하려면 내 매장의 철학, 내 상품의 철학, 내 사업의 철학이 필요하다.

핀란드에 안톤 앤 안톤(Anton & Anton)이라는 슈퍼마켓이 있다. 이 슈퍼마켓의 식재료들은 랩으로 포장되어 있지 않고 날것 그대로 진열되어 있다. 그만큼 신선하고 좋은 재료들이다. 물건을 사서 포장을 부탁하면 플라스틱이나 비닐은 전혀 사용하지 않고 친환경 종이나 노끈을 사용해 상품을 포장한다. 이제는 친환경, 유기농 제품만 취급하는 매장이 늘어나면서 안톤 앤 안톤과 같은 진열이나 포장법을 사용하는 마켓들이 꽤 늘어났지만, 안톤 앤 안톤은 이미 20여 년 전부터 이 같은 정책을 고수해왔다. 이것이 가능했던 이유는 안톤 앤 안톤의 철학이 '엄마가 가족에게 주고 싶은 것들'이기 때문이다.

오래전 한 전통시장에서 만난 빵집 사장님이 있었다. 새벽 4시부터 가게에 나와 재료를 챙기고 빵을 만들었다. 그는 매일 12시간 이상 일하며 최고급 재료로 정성껏 빵을 만들었지만 사람들은 그 사실을 잘 알지 못했다. 매장 곳곳에 '정성'과 '우수한 식자재'라는 문구가 깨알처럼 작은 글씨로 쓰여 있으나 눈에 잘 띄지도 않았다. 그 대신 눈에 잘 보이는 건 여기저기 깨진 매대, 너덜너덜해진 가격표, 더러워진 앞치마 등이었다. '가장 좋은 재료로 정성껏 만든 빵'이라는 철학을 볼 수가 없었다.

사람의 마음을 사로잡는 비주얼 법칙이 잘 작동하려면 결국 자기 철학이 분명해야 한다. 사람들은 물건을 사면서 '가치'도 함께

핀란드의 안톤 앤 안톤이라는 유기농 슈퍼마켓은
'엄마가 가족에게 주고 싶은 것들'이 매장의 콘셉트이자 철학이다.
매장은 친환경 종이나 노끈을 사용한 상품의 포장 방식으로
자신들의 철학을 구현해내고 있었다.

산다. 우리가 흔히 이야기하는 "살 만한 가치가 있다"라는 말을 바꾸면 "고객에게 전달하고 싶은 철학이 있다"와 같다. 그런데 그 사업 철학이 분명하게 전달되고 있는가. 혼자만 알고 있는 철학은 아무런 의미가 없다. 고객의 눈에 그 철학이 훤히 다 보여야 한다.

철학이 있으면, 자기만의 비주얼 법칙이 만들어진다

자신의 철학을 잘 보여주는 기업의 대표적인 사례가 아웃도어 브랜드 파타고니아(Patagonia)이다. 지금도 큰 화제로 남아 있는 광고가 있다. 2011년 블랙프라이데이에 파타고니아는 "이 재킷을 사지 마세요(Don't buy this jacket)"라는 카피의 광고를 〈뉴욕타임스〉에 게재했다. 자사의 제품을 사지 말라니, 이게 무슨 소리일까. 온갖 미사여구를 동원하고 비싼 광고 모델을 써가며 제품을 하나라도 더 팔려고 혈안이 되어 있는데, 혹시 단순히 호기심을 끌기 위한 노이즈 마케팅이 아닐까.

파타고니아의 메시지는 신제품을 사기보다는 자사의 기존 제품을 고쳐 입고, 더 오래 입으라는 것이었다. 파타고니아의 옷은 소재의 40%가 재활용으로 만들어지며 내구성 또한 10년 이상 입을 정도로 강하다. 하지만 아무리 친환경적으로 만들었어도 옷을 새로 만드는 과정에서 자원이 소모되고, 최소한의 온실가스가 배출되

다른 기업이나 다른 상품과 차별화되는 자기만의 비주얼을 만들려면,
자기만의 철학이 먼저 필요하다. 그 철학을 기준으로 광고부터 매장 진열까지
일관성 있는 모습을 보일 때, 사람들은 '좋은 것'이라고 느낀다.

고, 쓰레기가 만들어지므로 가능하면 입던 옷을 고쳐 입으라는 것이다.

파타고니아의 브랜드 철학은 '환경과 사회에 대한 책임'이다. 그 철학 위에서 "우리는 최고의 제품을 만들되 불필요한 환경 피해를 유발시키지 않으며, 사업을 통하여 환경 위기에 대한 공감대를 형성하고 해결 방안을 실행한다"가 파타고니아의 사명이다.[1]

자신의 기업 철학을 보여주는 파타고니아의 전략은 매장 인테리어에도 그대로 반영되어 있다. 파타고니아는 새 매장을 오픈할 때면 환경을 생각해 불필요한 인테리어 리모델링을 하지 않고 기존에 있던 집기 등을 최대한 재활용한다. 그렇기 때문에 각기 다른 콘셉트의 매장이 탄생한다. 예를 들어 원래 화장품 매장이었던 곳을 리모델링했던 대구 동성로 지점에는 화장품 매장에서 쓰던 집기 등이 그대로 사용되었다.[2]

지금도 수많은 매장이 철거와 오픈을 반복하고 그 과정에서 수많은 환경 폐기물이 나오고 있다. 환경 이슈에 대해 사회 전반이 예민해지고 있는 상황에서 파타고니아는 오래전부터 친환경적인 매장을 만들었고, 그 결과 전국에 똑같은 매장이 하나도 없게 되었다. 똑같은 매장이 하나도 없는데도, 브랜드의 철학은 그 어느 곳보다 확실히 녹아 있다.

그래서 파타고니아는 눈에 보이지 않는 철학이 밥을 먹여주는 기업이 되었다. 파타고니아는 2013년 미국 아웃도어 의류시장에서 노스페이스에 이어 점유율 2위를 기록했다. 사람들은 이 재킷을 사지 말라는 광고에도 불구하고, 이왕 살 거면 환경 파괴가 가장 적은 옷을 입겠다며 파타고니아의 제품을 구입했다. 환경에 대한 책임을 다하겠다는 파타고니아의 눈에 보이지 않는 철학을 많은 이들이 알아보고 세상을 이롭게 하는 일에 동참한 것이다.

고객에게 줄 감동을 고객 눈에 보이게 하라

파타고니아의 사례만이 아니라 '신선한 핸드메이드'를 핵심 가치로 내세우는 영국의 친환경 화장품 브랜드 러쉬도 자기 철학을 보여주는 방법에 매우 능한 기업이다. 거리나 쇼핑몰 내부를 아무 생각 없이 걷다 보면 코끝을 자극하는 향기에 발걸음을 멈추게 된다. 열에 아홉은 러쉬 매장에서 흘러나온 향기 때문이다. 다른 화장품 매장과 비교해서 유독 러쉬 매장의 향기가 거리로 넘쳐 흘러나오는 이유는 포장되지 않은 비누가 테이블 위에 가득 쌓여 있기 때문이다.

왜 제품을 포장하지 않았을까? 목적은 두 가지다. 먼저 냄새라는 사용자 경험을 극대화하기 위해서다. 천연재료를 사용해 향이 좋은 제품을 만들었는데 그 제품을 포장하면 냄새까지 함께 차단된다. 러쉬는 보이는 것뿐만 아니라 향기도 활용해 제품의 가치를 고

러쉬는 체험적이고 친환경적인 브랜드의 철학을 매장에 고스란히 구현하고 있다.
러쉬는 화장품 제조를 요리에 비유하며 제품을 만드는 공장을 '키친'이라 부르는데,
제품을 판매하는 매장에도 이를 그대로 실현하고 있는 것이다.

객들에게 정확하게 전달하는 데 전념한 것이다.

또 하나의 목적은 환경을 오염시키는 불필요한 포장을 최소화하기 위함이다. 러쉬는 '환경 사랑'이라는 브랜드 철학에 따라 재료 구입, 폐기 및 재활용, 에너지 사용 등에 있어서도 환경오염 최소화를 최우선의 가치로 여긴다. 동물 실험을 하지 않는 회사에서 원료를 구입하고 폐기물은 줄이며 재활용률을 85%까지 끌어올렸다. 매장을 만들 때도 벽에 페인트칠을 하지 않고 콘크리트 바닥에도 카펫이나 타일을 깔지 않는다.[3]

러쉬 매장을 찾으면 브랜드의 철학이 고스란히 구현되어 있음을 볼 수 있다. 러쉬는 화장품 제조를 요리에 비유하며 제품을 만드는 공장을 '키친'이라 부르는데, 이는 제품을 판매하는 매장에도 그대로 실현되어 있다. 부엌에서 흔히 볼 수 있는 싱크대와 테이블은 물론 찬장까지 매대로 활용한다. 갓 따온 듯 신선한 야채와 과일이 테이블과 싱크대 위에 놓여 있고 그 옆에 포장되지 않은 마스크 재료나 비누 등이 진열되어 있다. 마치 우리 집 부엌에서 나만의 화장품을 직접 손으로 만드는 느낌을 준다. 따뜻한 색온도의 조명 역시 제품을 음식처럼 먹음직스럽게 보이게 하는 데 일조한다.

러쉬의 강점은 브랜드의 철학을 어렵게 꼬거나 비틀지 않고 누구나 쉽게 인지할 수 있도록 매장을 꾸몄다는 데 있다. 때문에 고객을 높은 수준에서 만족시키는 데 성공했다. 2002년 3000만 파운드였던 매출은 2014년 2억8000만 파운드로 10배 가까이 성장했다.

러쉬 창립멤버 중 한 명인 로웨나 버드(Rowena Bird)는 2014년 한국에 방문했을 때 "신념을 지키며 좋은 세상을 만들겠다"고 소비자들에게 약속했다.[4] "저희 회사 물건 많이 사주세요. 사랑해주세요"와 같은 상투적인 인사말은 없었다.

이와 같은 철학이 중요한 이유는 온라인 쇼핑이 급속히 일반화되고 있기 때문이기도 하다. 온라인 쇼핑이 가속화될수록 제품 자체의 퀄리티 못지않게 그 제품과 브랜드가 가지고 있는 가치가 무엇인지, 그리고 소비자들과 온라인에서 어떻게 소통하는 모습을 만들어내는지가 중요하다. 온라인 쇼핑몰에 들어갔을 때의 '첫인상'에서 이 쇼핑몰이 주는 가치가 무엇인지 분명하게 느껴지지 않고 혼란스럽게 보인다면, 소비자들은 개별 제품을 클릭하기 전에 이미 그 온라인 페이지를 떠나게 될 것이다.

온라인 쇼핑 시대에 오프라인 매장의 자기 철학은 더더욱 중요하다. 클릭 한 번으로 원하는 물건을 총알 배송해주는 온라인 쇼핑 시대에, 매장을 방문하는 건 훨씬 더 의미 있는 경험이 되어야 한다.

좋은 것을 사는 게 좋은 사람이 되는 길이다

파타고니아나 러쉬 같은 기업이 이미 보여주었듯이, 현대 사회의 소비자는 상품을 구매할 때 과거의 소비자에 비해 훨씬 더 많은

것을 생각한다. 그중에서도 가장 두드러진 변화는 소비자로서의
윤리의식을 중요하게 여긴다는 것이다. 어떤 제품이 아동 노동을
착취하거나 지구 환경을 파괴하며 만들어졌다는 사실을 알면 그
제품에 대한 선호도는 단번에 떨어진다. 갑질 논란을 빚은 기업들
이 여론이 돌아서면서 매출이 급감하는 경우를 수시로 볼 수 있다.
오늘날의 소비자는 소비 행위에 의미를 많이 부여한다. 과장해서
표현하면, 소비를 할 때도 지구를 구하겠다는 생각을 품고 있다. 그
러므로 이제 제품과 서비스의 공급자는 영적인 측면에서도 소비자
를 만족시켜야 한다. 미국의 경영학자 필립 코틀러(Philip Kotler)는 이
를 두고 이미 3.0 시장이라 부른 바 있다.

전 세계에 걸친 경제위기의 시기, 3.0 시장은 소비자들의 삶과 더욱 밀접
한 연관성을 갖는다. 급격한 사회적, 경제적, 환경적 변화와 혼란 속에서
소비자들은 더욱더 희망을 갈망하기 때문이다. 경제위기는 질병과 빈
곤, 환경파괴의 가속화를 수반한다. 3.0 기업들은 그러한 현안에 직면한
사람들에게 해법과 희망을 제공하며, 결과적으로 보다 높은 수준에서
소비자를 감동시킨다. 3.0 기업들은 가치를 통해 스스로를 차별화한다.[5]

오늘날 소비자들은 좋은 것을 소비함으로써 자신이 좋은 사람임
을 증명하고 싶어 한다. 이런 소비자들과 함께 살아가야 하는 시대
의 기업은 자기 철학을 분명히 해야 한다.

사업을 처음 시작할 때는 보통 마음에 저마다의 철학을 하나씩 품는다. 하지만 시간이 지나고 신경 써야 할 다른 요소가 자꾸 눈에 들어오기 시작하면 처음 생각했던 철학은 조금씩 정체성을 잃어간다. 처음에는 '정말 좋은 그림책'만 팔겠다고 시작한 서점인데, 시간이 지나면 이것저것 다 파는 서점이 되어 있을 수도 있다.

갓 사업을 시작한 사람들에게만 자기 철학이 필요한 게 아니다. 이미 오랜 시간 자기 사업을 해온 이들은 새삼 그런 철학이 왜 필요하느냐고 말한다. "20년 동안 이렇게 해왔다" "중요한 건 열심히 하는 거다"라는 말로 대신한다.

그러나 오래된 곳일수록 자기 철학을 더 시각적으로 잘 표현해내기 쉬운 자원을 가지고 있다. 헤르만 헤세의 소설 『싯다르타』에는 "지식에 세월과 경험을 더한 결과물이 지혜"라는 말이 나온다.[6] 새로운 지식만 고집할 필요도, 자기만의 세월과 경험만 고집할 필요도 없이 이 둘을 잘 버무려서 지혜를 내 것으로 만들어야 한다. 그리고 이 지혜(sophia)를 사랑(philos)하는 것이 철학(philosophy)이다. 철학이 있는 기업이 세월을 이기고 오래도록 사랑받는 이유도 여기에 있다

사람들은 이제 어느 것도 알 시간이 없어. 그들은 미리 만들어진 것을 모두 상점에서 사지. 그러나 친구를 파는 상인은 없어. 그래서 사람들은 친구가 없지. 네가 친구를 갖고 싶다면, 나를 길들여줘![7]

『어린왕자』에 나오는 여우의 말이다. 철학자 여우는 우정을 파는 상점이 없다는 표현을 통해, 물질만능사회에서 바쁘게 살아가는 인간을 비꼰다. 그리고 어린왕자와 헤어지는 순간 인생의 비밀 한 가지를 알려준다.

이제 내 비밀을 말해줄게. 아주 간단해. 사람은 단지 가슴으로만 제대로 볼 수 있어. 가장 중요한 건 눈에 보이지 않아.[8]

그러나 중요한 걸 잘 아는 사람이라면, 그것을 눈에 보이게 하는 노력을 안 하고 배길 수는 없다. 언젠가 어느 한식 음식점에 가게 되었다. 직접 운영하는 농장에서 정말 좋은 재료로 음식을 만드는 곳으로, 회사원들이 밀집한 오피스타운에 있었다. 급하게 한 끼를 때우고 일하는 사람들에게 제대로 된 밥을 차려주고 싶은데, 사오는 재료로는 도저히 근처 음식점들과의 가격 경쟁에서 이길 수가 없었다. 몸에 무리가 와도 직접 농사를 짓고 밑반찬을 만들었지만, 점점 주변 음식점들과 낮은 가격 경쟁이 붙었다. 좋은 재료로는 매출 유지가 어려운 상황이었다.

그래서 간단한 솔루션을 제시했다. 반찬마다 들어간 재료와 그램당 단가가 얼마인지를 메뉴판에 적으라고 했다. 식재료 공장에서 대량으로 만들어진 반찬과 무엇이 다른지를 소비자들에게 보여주라고 한 것이었다. 그리고 이 반찬들을 따로 포장해서 판매도 하라고 했다. 가짓수를 늘리기 위해 딸려 나오는 반찬이 아니라, 하나하나 따로 사서 먹어도 좋을 만큼 질이 좋은 음식임을 볼 수 있게 한 것이다. 내가 느낄 만족도를 눈으로 보여주는 것이 결국 '좋아 보이는 것들의 비밀'의 핵심이다.

그리고 마지막으로 이렇게 덧붙였다. 반응이 올 때까지 기다리시라. 사람의 심리는 묘해서 한 번만으로 설득되지 않는다. 아무리 좋은 말도 처음에는 솔깃하지만 쉽게 마음이 돌아서지 않는다. 한 번, 두 번 계속되고, 지속성이 보장되면 그제야 마음을 돌린다.

비주얼 법칙은 사람들과 마음의 소통을 더 빠르게, 더 강하게 해주지만, 분명한 자기 철학 안에서 지속되어야 한다. 또한 지속되는 과정에서 계속 그 철학을 강화하는 쪽으로 업그레이드되어야 한다. 매장 입구에 시즌 상품으로 고객을 유인하라고 해서, 친환경 제품을 파는 매장에서 불필요하고 화려하게 포장한 제품을 진열하면 안 되는 것이다. 자기 철학이 있어야 자기 고객에게 맞게 변용할 수 있다.

'나'를 넣었을 때 완성되는
이미지 만들기

고객이 가진 상상의 눈을 만족시켜라

오늘날의 고객은 두 개의 눈을 갖고 있다. 하나는 실제 현실을 보는 눈이고,
또 다른 하나는 이미지로 저장되었을 때의 모습을 상상하는 눈이다.
그중 가장 저장하고 싶고 공유하고 싶은 이미지는 바로 '나(me)'이다.

'사람'을 넣었을 때 완성되는 공간을 만들어라

지금까지 사람의 본능을 자극하는 끌림의 법칙들을 살펴보았다. 색상, 빛, 각도, 동선 등과 같은 요소들은 모두 인간의 신체적 조건과 오감에 관계된 것이다. 별도로 길게 설명하지는 않았지만 후각도 사람을 끌어당기는 중요한 요소다. 대형마켓 입구에 베이커리를 두어 갓 구운 빵 냄새가 나게 하거나, 러쉬 매장처럼 포장되지 않은 비누에서 나는 향으로 오가는 사람들을 유인할 수도 있다.

그러나 사람을 가장 강렬하게 끌어당기고 기억에 오래 남는 건 결국 '이미지'이다. 눈을 통해 들어오고 뇌에 남는 이미지가 무엇인지가 중요하다. 때문에 비주얼 요소 중에서도 색상이 가장 중요한 것이다. 색상 못지않게 '좋아 보이는' 이미지를 만드는 요소 중 점점 중요도가 커지는 것이 있다. 바로 '사람' 그 자체다.

과거의 오프라인 매장들은 자신을 과시하는 데 주로 초점을 맞추었다. 어떻게든 눈길을 끌기 위해서 커다란 간판, 독특한 인테리어, 수많은 소품을 활용했다. 고객을 향해 마치 웅변하는 것과 같은 모습이었다. 하지만 오늘날은 그렇지 않다. 고객을 끌어당기는 매장들을 살펴보면 화려하기보다 절제되어 있으며, 꽉 차 있기보다 빈 공간이 많다. 소품의 수도 확연하게 줄었다. 이를 미니멀리즘이나 테라피즘의 유행으로 이해할 수도 있다. 하지만 바쁜 현대인들이라고 꼭 정서적으로 차분한 공간을 선호하는 것은 아니다. 그보다는 언제 어디서나 '내'가 주인공이 되고 싶어 하는 현대 소비자들의 특징으로 이해하면 공간을 설계하는 데 더 큰 도움이 된다.

서울의 한 카페는 오후 5시가 다가오면 사람들이 밀려온다. 주변에 워낙 멋진 카페가 많음에도 불구하고 이 카페, 그것도 특정 시간대에 줄을 서는 이유를 도대체 알 수가 없었다. SNS에 이 카페의 이름을 검색해보자 그 이유를 금방 알 수 있었다. SNS에는 사람만 달라졌을 뿐, 똑같은 장소에서 똑같은 시간에 찍은 사진들이 쭉 올라온다. 석양이 질 무렵에 카페 테라스에서 찍은 사진이다. 그 이미지 한 장을 건지기 위해서 카페를 찾아오는 것이다. 붉은 석양빛과 테라스 너머로 보이는 이국적인 건축물을 배경으로 자신의 사진을 찍고, 이를 SNS에 올리고자 하는 젊은 소비자들로 인해 이 카페는 명소가 되었다. 나를 주인공으로 만드는 공간인 것이다. 이 같은 현상은 디지털 환경에서 모바일 세대로 성장한 MZ세대를 중심으로 보편적으로 확대되는 중이다.[1]

자신이 얼마나 멋진지를 증명해줄 때, 고객은 기꺼이 지갑을 연다.
장소, 상품 등이 고객과 함께 보여질 수 있는 이미지를 만들어라.

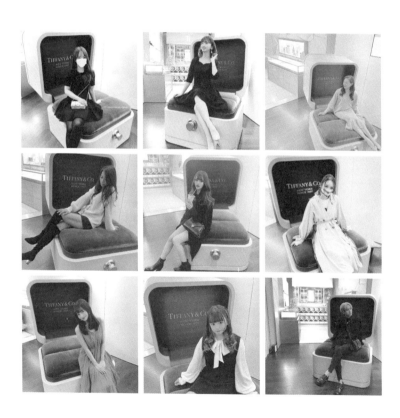

뭘 해야 할지 모르겠다면 차라리 거울을 둬라

매장을 처음 운영하는 사람들이 범하는 실수 중 하나가 내 눈에 멋진 인테리어를 한다는 것이다. 카운터에서 내부를 바라보는 관점에서 공간을 설계하고 상품을 진열하면 실패하게 되어 있다. 밖에서 안으로 들어올 고객의 시선에서 내부를 설계하고, 안에 들어와 테이블에 앉았을 때의 고객 눈높이에서 벽면에 놓을 장식품의 위치를 정해야 한다. 상품을 고르는 고객의 시선에서 조명의 높이, 상품의 진열 위치를 정해야 한다.

여기에 더해 하나의 눈이 더 필요하다. 바로 이 공간에 고객이 들어왔을 때 어떤 이미지가 만들어지는가이다. 아치형의 멋진 창문이 있다면 그 앞에 큰 화분을 놓을 게 아니라, 사람이 앉을 수 있도록 의자를 두어야 한다. 지금 내 눈에 보이지 않는 사람을 생각하며 공간을 설계하는 능력이 필요하다.

이 공간에 있는 자신의 모습이 근사하게 보이길 바라고, 이 모습을 이미지로 남겨서 공유하는 욕망을 만족시키려면 사람이 돋보여야 한다. 공간이나 상품이 사람을 짓누르면 안 된다. 최근 카페들의 의자가 점점 더 작아지는 이유도 이런 관점에서 쉽게 이해할 수 있다. 사진을 찍었을 때 자신의 모습이 온전히 나와야지, 의자 등받이가 내 모습을 가리거나 겹쳐 보이게 하면 안 되는 것이다.

이처럼 공간을 설계하고 가구를 배치할 때 고객을 더 돋보이게 할 '배경'이 되는지 아닌지를 생각해보면, 의외로 꽤 많은 공간들을 빈 곳으로 둬야 한다는 사실을 깨닫게 될 것이다.

만약 어떻게 공간을 설계해야 할지 정말 모르겠거든 거울을 달아라. 고객은 거울에 비친 자신의 모습을 보면서, 이 공간을 '자신의 공간'으로 인식하게 되기 때문이다. 과거에는 의류 매장에만 주로 있던 거울이 카페나 음식점, 병원 등 다양한 종류의 장소에 많이 사용되는 이유도 이 때문이다.

시그니처 이미지가 필요한 이유

오늘날 고객은 두 개의 눈을 갖고 있다. 하나는 실제 현실을 보는 눈이고, 하나는 이미지로 저장되었을 때의 모습을 상상하는 눈이다. 온라인의 시대 오프라인 매장은 물건을 파는 공간이 아니라, 소비자들이 브랜드를 경험하고 머물며 유의미하게 시간을 보내는 곳으로 바뀌어가고 있다. 마치 여행을 가면 기념사진을 남기듯이, 소비자들은 자신들의 경험을 기록으로 남기려는 성향이 있다.

사람들이 '좋아 보이는 것'들을 어디서 어떻게 찾아가는지를 생각해보면 쉽게 알 수 있다. 이제는 거리를 돌아다니다가 우연히 눈에 띄는 멋진 카페나 음식점을 찾아가지 않는다. 소비자들은 온라인에서 검색하여 발견되는 이미지를 보고, 그 이미지와 똑같은 모

오늘날의 소비는 '이미지'가 '이미지'를 부르는 방식으로 이루어진다. 때문에
널리 공유되고 선파 될 수 있는 시그니처 이미지를 만들어내는 것이 매우 중요하다.

습을 기대하며 찾아간다. 이미 자신들의 머릿속에 들어온 '좋아 보이는 이미지'를 체험하려는 것이다. '이미지'가 '이미지'를 부르는 방식으로 소비가 이루어진다. 때문에 널리 공유되고 전파될 수 있는 '시그니처 이미지'를 만들어내는 게 중요하다. 앞에서 살펴본 석양이 질 무렵의 카페 테라스처럼 '여기 다녀온 인증의 증거'가 되는 이미지를 가지고 있어야 한다.

그 이미지가 놓일 장소도 중요하다. 아무리 멋진 시그니처를 만들어냈다고 해도, 찾아온 고객들이 스마트폰 카메라로 찍기에 불편한 장소와 각도에 있다면 큰 효과를 보기 어려울 것이다.

경주에 있는 한 카페에 갔을 때의 일이다. 건물 밖 곳곳에 큰 철제 프레임을 설치하고 그 위를 흰 천으로 덮어 펄럭이게 해두었다. 마치 커다란 빨래를 널어놓은 것처럼 정답게 느껴지기도 했고, 무엇보다 경주라는 여행지에서 느끼고 싶은 자유로운 느낌이 바람에 펄럭이는 천으로 인해 고스란히 전해졌다. 파란 하늘과 흰 천이 어우러진 커다란 풍경을 보니 저절로 스마트폰을 들어 사진을 찍고 싶어졌다. 사진을 SNS에 올리면 별다른 말을 하지 않아도, 이곳에 있는 내 마음이 어떤지 표현될 것 같았다. 이후에 누군가의 SNS에서 이와 비슷한 이미지를 발견하게 된다면 더없이 반가운 마음이 들 것이고, 다시 한 번 저곳에 가고 싶다는 마음이 생길 것이다. 바로 '보는 순간 다시 가고 싶은' 곳이 되는 것이다.

'내가 원하는 이미지'를 확인하고픈 욕망을 만족시켜줘야 하는 일이 단지 공간에만 해당되는 것은 아니다. 만약 온라인에서 어느 의류 브랜드의 광고를 보고, 그 광고에 나온 제품이 마음에 들었다고 하자. 당장 사고 싶은 마음에 오프라인 매장으로 달려갔든 혹은 기억해두었다가 지나가는 길에 그 의류 브랜드의 매장을 방문했다고 하자. 하지만 정작 오프라인 매장에는 그 제품이 없다면 어떻게 될까. 순간의 실망은 물론이거니와 브랜드에 대한 신뢰가 추락하여 회복하기 어렵게 된다. 만약 광고에서 보았던 것과 똑같은 이미지가 오프라인 매장에서 멋지게 구현되어 있다면 어떨까. 즉각적인 구매가 일어나는 것은 물론이거니와 브랜드에 대한 만족도도 훨씬 높아질 것이다.

이미지로 설득되면 지갑이 열린다

어떻게 하면 고객인 '나(me)'를 주인공으로 만들어주는 느낌을 극대화할 수 있을까? 이는 단지 매장을 사진 잘 나오는 장소로 꾸며야 한다는 것만을 뜻하진 않는다. 내가 그곳에서 소비를 하는 행위가 '억지로' 일어난 것이 아니라, 자연스럽고 편안하게 결정된 것이라는 느낌을 주어야 한다는 의미이기도 하다.

끌리메라는 에스테틱 브랜드가 있다. 이 매장에 처음 들어가면 여느 에스테틱 매장과 달리 상담 데스크가 먼저 나오지 않는다. 문

좋아 보이는 공간은 저절로 고객을 끌어당긴다.
고객에게 소리 높여 설명하기보다, 고객 스스로
다가오게 만드는 설계가 필요하다. 데스크를 입구에 두지 않고
안쪽에 두고, 복도를 따라 들어오는 동안 고객의 마음에
자연스럽게 스며들 이미지들을 곳곳에 만들어보자.

을 열고 들어가면 핑크색 공간이 열린다. 아치 모양의 터널로 된 복도는 고객의 피부와 몸을 관리하는 손을 상징한다. 벽면은 작아지고 매끄러워진 얼굴을 상징하는 흰색의 마스크들로 채워졌다. 이렇게 복도를 따라 들어오는 과정에서 이미 끌리메라는 브랜드가 추구하는 가치, 장점 등이 고객에게 자연스럽게 전달되고 설득된다. 그 설득의 과정을 거친 후 상담 데스크와 마주하면, 고객의 마음은 어떤 상태가 되어 있을까.

만약 문을 열자마자 검정색 대리석으로 된 권위적인 상담 데스크가 놓여 있다면 고객의 마음은 어떻게 될까. 손해를 보지 않도록, 원치 않는 서비스에 설득당하면 안 되겠다는 방어적인 마음이 먼저 작동할 것이다. 이처럼 공간의 동선을 어떻게 설계하고, 어떤 이미지를 보여주느냐에 따라 고객의 불신과 의심을 확신과 호감으로 변화시킬 수 있는 것이다.

이제는 고객에게 직접 말 거는 것을 불편해하는 시대다. 고객과 이미지로 커뮤니케이션하는 법을 알아야 한다. 현대 마케팅과 브랜딩에서 비주얼의 중요도가 더 높아지는 이유도 이 때문이다. 이미지로 설득되고, 이미지와 함께 체험되면 지갑은 저절로 열린다. 이것이 '좋아 보이는 것들의 비밀'의 핵심이다.

1장

1) 『잃어버린 시간을 찾아서 1』, 마르셀 프루스트 지음, 김화영 옮김, 민음사, 2012, 85쪽.

2) 『Color 색 色』, 박옥련, 김은정 지음, 형설출판사, 2007.

3) 다큐멘터리 영상 참조 https://www.youtube.com/watch?v=P0e6zG8IbE8

4) 『좋아 보이는 것들의 비밀Design by Nature』, 매기 맥냅 지음, 서라미 옮김, 길벗, 2012, 107쪽.

5) 『이 말은 어디에서 왔을까?』, 권표 지음, 돋을새김, 2013, 102쪽.

6) 『지식 e 4』, EBS 지식채널 e 지음, 북하우스, 2009, 110~111쪽.

2장

1) 『색의 유혹 1』, 에바 헬러 지음, 이영희 옮김, 예담, 2002, 40쪽.

2) 『색의 유혹 1』, 에바 헬러 지음, 이영희 옮김, 예담, 2002, 39쪽.

3) 국제테니스연맹 홈페이지 테니스공의 역사 참조 https://www.itftennis.com/media/2280/balls-history-of-tennis-balls.pdf

4) 위키백과 참조 https://ko.wikipedia.org/wiki/%EB%85%B8%EB%9E%91

5) 『색의 유혹』, 오수연 지음, 살림출판사, 2004, 56쪽.

6) 『색의 유혹 2』, 에바 헬러 지음, 이영희 옮김, 예담, 2002, 129쪽.

7) '공주가 쓰는 화장품? 에뛰드 핑크에 질린 소비자', 〈머니위크〉, 2015년 11월 7일.

8) 『색의 유혹 2』, 에바 헬러 지음, 이영희 옮김, 예담, 2002, 103쪽.

9) 『색의 유혹 1』, 에바 헬러 지음, 이영희 옮김, 예담, 2002, 179쪽.

10) 『색의 유혹 1』, 에바 헬러 지음, 이영희 옮김, 예담, 2002, 244쪽.

11) 『색의 유혹 1』, 에바 헬러 지음, 이영희 옮김, 예담, 2002, 197쪽.

12) 『색의 유혹 1』, 에바 헬러 지음, 이영희 옮김, 예담, 2002, 198쪽.

3장

1) 『왜 우리는 생각에 속을까』, 크리스 페일리 지음, 엄성수 옮김, 인사이트앤뷰, 2015.

2) 『색의 유혹』, 오수연 지음, 살림출판사, 2004, 24쪽.

3) 『색의 비밀』, 노무라 준이치 지음, 김미지자 옮김, 국제, 2005, 15쪽.

4) 『색의 유혹 2』, 에바 헬러 지음, 이영희 옮김, 예담, 2002.

5) 『디자인을 과학한다』, 포포 프로덕션 엮음, 우듬지, 2010.

6) 『좋아 보이는 것들의 비밀, 컬러』, 김정해 지음, 길벗, 2011, 104쪽.

7) 『디자인을 과학한다』, 포포 프로덕션 엮음, 우듬지, 2010.

4장

1) 『Color 색채용어사전』, 박연선 지음, 예림, 2007.

2) '인스타그램, 필터 하나면 간편하게 '예쁜 사진' 뚝딱', 〈한경닷컴 게임톡〉, 2015년 10월 23일.

3) '갤러리아명품관 식품관 고메이494 오픈 2주년…매출도 껑충', 〈아시아경제〉 2014년 10월 8일.

4) 『색의 비밀』, 노무라 준이치 지음, 김미지자 옮김, 국제, 2005. 127쪽.

5) '자연광처럼 시간따라 빛 조절 스마트조명 개발', 〈연합뉴스〉, 2014년 3월 12일.

6) '삶 비추는 조명의 진화', 〈중앙일보〉, 2014년 11월 25일.

5장

1) 『최재천의 인간과 동물』, 최재천, 궁리, 2007, 36~38쪽. 꿀벌이 색맹이라는 카를 폰 헤스의
결론은 오스트리아 출신의 동물학자 카를 폰 프리슈에 의해 곧바로 반박되었다. 상자 안에
갇힌 벌은 꿀을 찾기 위함이 아니라 탈출하기 위해 강한 빛을 선택한 것이기 때문이다. 그러
므로 이런 실험은 자연 상태의 야외에서 해야 의미가 있다고 폰 프리슈는 지적했다. 그는 끈
질긴 관찰 끝에 벌이 초록, 파랑, 자외선 UV를 인식하며 이를 혼합하여 다른 색깔을 인식한
다는 사실을 밝혀냈다.

2) 『최재천의 인간과 동물』, 최재천, 궁리, 2007, 9쪽.

3) '엄마, 눈부셔서 잠이 안 와요', 〈시사in〉, 2014년 9월 12일.

6장

1) 'Haute Couture Fitting Rooms', 〈Another Magazine〉, 2011년 1월 24일.

2) 'Why Are Fitting Rooms So Awful?', 〈Wall Street Journal〉, 2011년 4월 6일.

3) 다큐멘터리 영상 참조 https://docuprime.ebs.co.kr

7장

1) 『쇼핑의 과학』, 파코 언더힐 지음, 신현승 옮김, 세종서적, 2011.

2) '갤러리아명품관, 패션리더의 '스타일 종착지'로 우뚝', 〈머니투데이〉, 2014년 9월 30일.

3) '유통업계 새 특명 고객 동선을 잡아라!', 〈EBN〉, 2015년 10월 6일.

8장

1) 『도덕경』, 노자 지음, 장도연 옮김, 한솜미디어, 2012, 116쪽.

2) 『인간이 그리는 무늬』, 최진석 지음, 소나무, 2013, 186~187쪽.

3) '애플 디자인 혁신의 주역, 조너선 아이브', 〈동아일보〉, 2014년 11월 1일.

4) '동행자 먼저 꼬셔라. 지갑은 절로 열린다', 〈이데일리〉, 2011년 12월 7일.

9장

1) 파타고니아 홈페이지 참조 http://www.patagonia.co.kr/shop/inside/article. php?&sno=27

2) '파타고니아, 신규 매장 대구 동성로점 오픈', 〈이데일리〉, 2015년 12월 24일.

3) 러쉬 홈페이지 참조 https://www.lush.co.kr/service/company.php

4) '러쉬(LUSH) 창립멤버 로웨나 버드 "신념 지키며 좋은 세상 만들겠다"', 〈뷰티한국〉, 2014년
   5월 14일.

5) 『마켓 3.0』, 필립 코트너 지음, 안진환 옮김, 타임비즈, 2010, 22쪽.

6) 『싯다르타』, 헤르만 헤세 지음, 차경아 옮김, 문예출판사, 2006.

7) 『어린 왕자』, 앙투안 드 생텍쥐페리 지음, 황현산 옮김, 열린책들, 2015.

8) 『어린 왕자』, 앙투안 드 생텍쥐페리 지음, 황현산 옮김, 열린책들, 2015.

10장

1) 『밀레니얼-Z세대 트렌드 2021』, 대학내일20대연구소 지음, 위즈덤하우스, 2020.

그 밖의 참고문헌

『고령자를 위한 조명과 색채』, 일본 인테리어산업협회 지음, 김혜영, 김유숙 옮김, 국제, 2001.

『디자이너는 어떻게 생각하는가』, 나이절 크로스 지음, 박성은 옮김, 안그라픽스, 2013.

『마카로니 구멍의 비밀』, 하라 켄야 지음, 이정환 옮김, 안그라픽스, 2013.

『모든 분야 인테리어디자인 人을 보다』, 박효철, 한혜선 지음, 서우, 2014.

『비넬리의 디자인 원칙』, 마시모 비넬리 지음, 박효신 옮김, 안그라픽스, 2013.

『미주얼머천다이징 & 디스플레이』, 심낙훈 지음, 우용출판사, 2006.

『색을 요리해 볼까?』, 김혜경, 현종오 지음, 해나무, 2009.

『인간과 기호』, 아드리안 프루티거 지음, 신항식 옮김, 창지사, 2007.

『철학자의 디자인 공부』, 스테판 비알 지음, 이소영 옮김, 홍시, 2014.

사진 출처

014~015 Kit Leong / Shutterstock.com ｜ 035 이랑주 ｜ 038 이랑주 ｜ 045 urbanbuzz / Shutterstock.com

055 이종찬 ｜ 064 urbanbuzz / Shutterstock.com ｜ 068 이종찬

075 http://design.amorepacific.com/blog-productdesign/2014/11/11/4s9am8e4xnxns8e93il0uvw5o0xygg

081 sorbis / Shutterstock.com ｜ 086 Andriana Syvanych / Shutterstock.com

108 http://www.stockholmdesignlab.se/hyundai-card/ ｜ 121 이종찬 ｜ 123 BestPhotoPlus / Shutterstock.com

131 장진우 회사 제공 ｜ 142 이랑주 ｜ 147 stock_photo_world / Shutterstock.com ｜ 162~163 이종찬

167 이종찬 ｜ 200 이랑주 ｜ 209 이종찬 ｜ 215 Niloo / Shutterstock.com

218 1000 Words / Shutterstock.com ｜ 221 06photo / Shutterstock.com

223 Michaelpuche / Shutterstock.com ｜ 227 더현대 제공 ｜ 230-231 Sorbis / Shutterstock.com

235 August_0802 / Shutterstock.com ｜ 242~243 Alena Veasey / Shutterstock.com

245 pio3 / Shutterstock.com ｜ 257 dimbar76 / Shutterstock.com ｜ 261 Tooykrub / Shutterstock.com

266~267 Sorbis / Shutterstock.com ｜ 271 http://sweetchili.fi/en/ode-small-shops/

273 http://yitzchoksaftlas.com/?p=10142 ｜ 276 Sorbis / Shutterstock.com

284~285 TonyV3112 / Shutterstock.com ｜ 292 이랑주 ｜ 295 끌리메 제공

『좋아 보이는 것들의 비밀』이 출간되고 지금까지 독자들의 많은 사랑을 받았습니다. 전면개정판을 내면서 내용을 샅샅이 살펴보았습니다. 어떤 사례는 빼고, 어떤 내용은 추가했습니다. 그러나 시간이 아무리 흘러도 인간의 눈과 마음을 사로잡는 법칙들은 변함이 없습니다. 이 한 권의 책이 나오는 데까지 많은 도움이 필요했습니다. 처음 책을 냈을 때 가졌던 감사의 마음은 더 깊어졌습니다. 그 고마운 마음을 다시금 전합니다.

처음 비주얼 머천다이징 분야로 인도해주신 이랜드의 이지은 팀장님, 그분의 칭찬과 격려가 있었기에 지치지 않을 수 있었고, 이 일을 평생의 업으로 삼을 수 있었습니다. 서원대 조경득 교수님의 가르침에도 감사드립니다. 현장에서 직접 확인해야 전문가로 성장할 수 있다며, 사람들이 출입구에서 왼쪽으로 가는지 오른쪽으로 가는지 일일이 따라다니며 조사해보라고 하셨던 일이 아직도 기억에 생생합니다. 고객의 마음을 머리가 아닌 몸으로 이해하게 되었습니다. 호서대에 계셨던 심낙훈 교수님은 국내 비주얼 머천다이징 1세대로 실무와 이론을 체계적으로 정립해주셨습니다. 출처를 따로 밝혔지만 많은 부분이 교수님의 가르침을 참고한 것들입니다. 그리고 이 분야의 전문가로 성장할 수 있도록 도움을 주신 많은 선배님들께도 진심으로 감사드립니다.

한 분야의 전문가가 되려면 정직하고 겸손해야 한다는 말을 귀에 못이 박히도록 해주신 한복 디자이너 이영애 선생님께도 깊이 감사드립니다. 이 일을 하면서 수많은 분을 만났습니다. 좋은 기업을 만들기 위해 노력하는 CEO분들, 전통시장을 지켜온 상인분들은 다양한 현장의 가치에 눈뜨게 해주었습니다. 좋은 것들을 만들기 위해 노력하는 모든 이들이 저의 스승입니다.

마지막으로 부족한 원고를 처음으로 책으로 만들고, 이번 개정판에 이르기까지 함께해준 지와인 김보경 대표께도 감사드립니다. 세상을 이롭게 하는 많은 제품들이 그 가치를 제대로 인정받지 못하고 사라지는 것이 안타까워 책을 내고 싶다는 한마디에, 바로 출판 동료가 되어주었습니다. 이 한 권의 책을 통해 인생에 도움을 얻었다는 독자들을 생각하며, 새롭게 내놓는 개정판이 더 많은 이들에게 용기와 희망이 되기를 바랍니다.

2021년 여름 이랑주